U0573468

高校英语课程思政理论与实践研究

杨 蔚 著

中国国际广播出版社

图书在版编目（CIP）数据

高校英语课程思政理论与实践研究 / 杨蔚著 .

北京 : 中国国际广播出版社 , 2024. 8. -- ISBN 978-7-
5078-5631-6

Ⅰ . H319.3

中国国家版本馆 CIP 数据核字第 2024SG9359 号

高校英语课程思政理论与实践研究

著　者	杨　蔚
责任编辑	张晓梅
校　对	张　娜
封面设计	万典文化

出版发行	中国国际广播出版社有限公司
电　话	010-86093580　010-86093583
地　址	北京市丰台区榴乡路 88 号石榴中心 2 号楼 1701
邮　编	100079
印　刷	唐山唐文印刷有限公司

开　本	787 毫米 × 1092 毫米　1/16
字　数	181 千字
印　张	11
版　次	2025 年 4 月第 1 版
印　次	2025 年 4 月第 1 次印刷
定　价	78.00 元

（版权所有　翻印必究）

前 言
PREFACE

"师者，传道授业解惑也。"一个优秀的老师，既要精于"授业解惑"，更要以"传道"为责任和使命。育人先育德，良好的思想道德修养是成才的基础。而注重传道授业解惑、育人育才的有机统一，一直是我国教育的优良传统。作为新时代的大学教师，我们肩负着培养德才兼备的社会主义事业建设者和接班人的重要任务。坚持课程思政是实现这一目标的重要抓手。

英语课程蕴含着丰富的人类文化基因和价值范式，这是英语课程思政得天独厚的条件。它既能赋予传统的思想政治教育以鲜活的生命力，又能丰富英语课程本身的内涵，实现课程与思政的"双赢"。外语的学习不仅仅是学习语言本身，更重要的是借助语言的载体，让学生汲取优秀文化的滋养；同时通过中西文化对比，引导青年学子清楚地认识中华文化的优秀之处，从而对自己民族的文化充满自信心和自豪感。作为一名英语教师，要善于挖掘思政元素，并结合学生实际，有机地将其融入语言教学中。课程与思政不是简单的"课程＋思政"，思政不应该成为课程的额外负担，而应该是"融盐入水、有味无痕"的高效融合。鉴于此，教师要化身为"总设计师"，充分发挥其创造力和设计能力，一方面结合语言学习内容和学生实际确定思政目标，使课程思政接地气，落到实处；另一方面要搭建课程与思政的桥梁，让课程与思政无缝对接，高效融合。

在当前全球化与本土价值观交织的教育背景下，高校教育面临着诸多挑战和机遇。特别是在高等教育领域，课程思政作为一种新兴的教育模式，旨在将思想政治教育与专业学科教学有机结合，以培养德才兼备的人才。《高校英语课程思政理论与实践研究》一书，正是在这样的背景下应运而生，旨在深入探讨和实践高校英语教学中融入思想政治教育的策略和方法。

本书全面系统地研究了高校英语课程思政的理论与实践，首先从课程思政的基本理论入手，分析了国内课程思政的发展现状和未来路径，并回顾了国家关于课程思政的政策指导和理论支撑。书中探讨了高校英语课程思政教学模式的构建与实践，提供了具体的教学策略和方法。全书共七章，分别从理论基础、主流意识形态的融入、思政体系构建、教学模式、教学实践及教学评价机制等方面进行了深入分析，旨在提升高校英语教师的思政教育能力，促进学生的批判性思维和全球视野的培养。希望本书能为广大高校英语教育工作者提供有益的参考和指导，帮助他们在教学实践中更好地实施和发展课程思政，为培养具有良好思想政治素质的现代人才做出贡献。

春风化雨，润物无声。这将是课程思政的最高境界。课程与思政将成为不可分割的整体，每一位老师都将成为"经师"和"人师"的结合，而我们的学生一定会成为德才兼备的社会主义事业建设者和接班人。

作者

2024 年 7 月

目 录
CONTENTS

第一章　思政教育与课程思政 ···················· 1

第一节　我国高校思政教育发展现状分析 ··········· 1

第二节　思政教育发展的新路径——课程思政 ········ 11

第二章　课程思政发展的理论 ···················· 24

第一节　系统协同教育理论 ··················· 24

第二节　学生主体教育理论 ··················· 32

第三节　实践教学教育理论 ··················· 39

第三章　高校英语课程思政体系建设的必要性 ········ 47

第一节　高校英语课程思政实施现状分析 ··········· 47

第二节　高校英语课程思政存在的主要问题及成因 ······ 54

第三节　高校英语教学中实施课程思政的意义 ········· 60

第四章　高校英语课程思政教学模式的构建与实践 ····· 65

第一节　高校英语课程思政教学模式的改革 ·········· 65

第二节　高校英语课程教材中思政元素的挖掘和中国主流意识形态的融入 ····· 73

第三节　高校英语课程思政教学质量监控与保障体系 ····· 85

第五章　高校英语课程思政教学实践研究 ··········· 95

第一节　高校英语读写课程思政教学 ·············· 95

第二节　高校英语听说课程思政教学 ·············· 108

第三节　英语课程思政教学实践反思 ·············· 118

第六章　高校英语课程思政教学评价研究……………………………………… 126

　　第一节　多元化高校教师课程思政评价体系的建立 …………………… 126

　　第二节　课程思政背景下学生形成性评价系统的构建 ………………… 136

　　第三节　高校英语混合式教学中的课程思政评价机制研究 …………… 146

第七章　高校英语教师课程思政能力提升研究……………………………… 154

　　第一节　高校英语教师课程思政理念的转变 …………………………… 154

　　第二节　高校英语教师课程思政能力提升路径 ………………………… 160

结　语………………………………………………………………………………… 167

参考文献……………………………………………………………………………… 168

第一章
思政教育与课程思政

在当今时代，随着高等教育的快速发展和全球化进程的不断加深，高校教育面临着诸多新的挑战和机遇。特别是在思想政治教育领域，如何将思政教育与专业课程教学有机融合，成为高等教育改革的重要议题。高校英语课程，作为一门基础而广泛的学科，不仅仅是语言技能的训练，更是价值观念、文化理解和批判性思维能力的培养过程。通过精心设计的课程内容和教学活动，英语课程思政可以有效地传达社会主义核心价值观，引导学生正确认识和理解中国的发展历程、文化传统与国际形象。

第一节
我国高校思政教育发展现状分析

一、我国当前思想政治教育情况概述

思想政治教育，通常简称为思政教育，是中国教育体系中一个重要的部分，旨在培养学生的政治意识、思想道德及对社会主义核心价值观的认同。这种教育方式涵盖从小学到大学各个阶段，不仅仅是教育内容的传授，更是一种价值观和思维方式的培养。

（一）思想政治教育的目标和重要性

思想政治教育在中国教育体系中占据着核心地位，它不仅塑造学生的价值观和道德观，还深刻影响着社会的文化和政治面貌。具体来说，思想政治教育的主要目标包括以下几个方面。

1. 价值观塑造

教师通过教育引导学生理解世界多元化和全球化的现状，认识到不同文化和社会之间的相互联系与影响；教育他们在全球视野下思考问题，形成开放和包容的世界观；教育学生理解人生的多样性和复杂性，引导他们树立积极向上的人生态度和正确处理人际关系的方法，帮助学生设定合理的人生目标和追求。思想政治教育强调富强、民主、文明和谐等价值的重要性，培养学生对社会主义核心价值观的认同感和自豪感，使其成为指导思想和行动的准则。

2. 政治意识培养

思想政治教育通过加强学生对国家主权和领土完整的认识，培养他们的国家荣誉感和自豪感，理解维护国家利益的重要性。教育者通过教育使学生了解国家的法律法规，理解法律对维护社会秩序和保障公民权利的作用，培养学生遵纪守法的习惯。思想政治教育工作的一个重点是强化学生对中华民族的认同，理解不同民族和文化的独特性与贡献，促进民族团结和社会和谐。而学校通过各种教育活动和实践，可以深化学生对社会主义核心价值观的理解和内化，使之转化为行动的动力。

3. 道德素质提升

思想政治教育工作使得学生理解个人行为对社会的影响，培养他们面对社会问题时的责任感和使命感。通过团队活动和社会实践，强化学生的集体主义精神，使他们学会协作和牺牲小我，完成大我。在教育中，教师主动引导学生形成诚实、宽容、公正、谦逊等个人品质，为成长为有益于社会的人才打下基础。

这种教育的重要性不仅仅体现在对个人的全面发展，更在于其对维护国家政治稳定、推广社会主义文化传承和构建社会主义和谐社会的作用；通过这样的教育体系，不仅可以培养出符合社会主义现代化建设需要的合格公民，还可以深化国家的文化软实力和国际影响力。

（二）思想政治教育的实施方式

在中国的教育体系中，思想政治教育占据着核心的地位，其教材和课程的设计旨在全面贯彻国家的教育方针，确保学生从小学到高等教育各个阶段都能接受到系统的政治和道德教育。以下是对课程设置和教材内容的详细说明。

1. 课程设置

在小学阶段，思想政治教育课程主要围绕基础的道德教育，如"品德与生活"和"品德与社会"，这些课程帮助学生建立起基本的道德观念和生活习惯，同时引入简单的国家观念和公民意识。

到了初中和高中阶段，课程内容逐渐深入，加入"道德与法治"和"历史"课程。"道德与法治"课程旨在深化学生的法律意识和社会责任感，而"历史"则包括对中国历史及世界历史的学习，强调中华民族的发展脉络和革命历程。此外，"思想政治教育"课程直接涉及政治理论和社会主义现代化建设的教育。

在大学阶段，思政教育成为必修课程，如"马克思主义原理""毛泽东思想和中国特色社会主义理论体系概论"等，这些课程帮助学生形成系统的政治理论框架，深入理解社会主义核心价值观和中国特色社会主义思想。

2. 教材内容

各个阶段的思想政治教育教材都详细介绍了中国共产党从成立到现在的历史进程，包括各个历史时期的重要事件、思想和政策的发展，使学生能够理解党的历史和其在中国历史上的地位。

同时，思想政治教育教材还介绍了新中国成立后，特别是改革开放以来，社会主义建设在经济、政治、文化、社会等方面取得的显著成就，展示改革开放的正确性和必要性。

对于当代中国社会发展的政策，思想政治教育教材包括但不限于经济发展政策、对外开放政策、社会保障政策等，教材通过这些内容帮助学生了解国家的主要政策方向，培养他们的政策理解力和分析力。

思想政治教育教材特别强调社会主义核心价值观的内容，如富强、民主、文明和谐等，同时教育学生在日常生活中如何践行这些价值观和道德规范。

这样的教材和课程设置不仅为学生提供了丰富的知识和深厚的文化背景，而且通过不同阶段的逐步深入，有效地将思想政治教育融入学生的学习和生活中，旨在培养他们成为有道德、有文化、有纪律的社会主义建设者和接班人。

二、新中国成立 70 多年来思想政治教育的发展动力

思想政治教育的理念和术语源远流长，其初见于马克思、恩格斯在 1847 年底所著的《共产主义者同盟章程》，标志着宣传和政治教育的重要性。随后，这一概念经历了从简单的"宣传"到"政治思想工作"再到"思想政治教育"的多阶段演变。在这一演变过程中，不同时期的领导人通过多种场合明确了思想政治工作的重要性，体现了对工作和教育双重功能的强调。特别是 1984 年思想政治教育成为正式学科之前，对这一领域的定义已多样化。从 20 世纪 60 年代开始，"政治思想工作"成为广泛使用的术语，而教育领域则强调教育的重要性，逐渐明确了"政治思想教育"的概念。随着时间的推进，特别是 1978 年十一届三中全会之后，思想政治教育内容不断丰富，并在 1984 年正式确立为学科，统一采用"思想政治教育"这一术语。这标志着对教育和工作形成统一认识，对培养具有社会主义意识形态的青年的重视。在当前教育实践中，"思想政治教育"一词被广泛应用，而在行政管理中则更倾向于使用"思想政治工作"这一表述。概念术语"思想政治教育"根植于无产阶级及其政党的理论与实践，其演化过程与中国共产党的核心任务、历史角色及历史背景紧密相连。在新中国成立后的 70 多年间，高等教育中的思想政治教育经历了社会主义的革命、建设和改革各个阶段的实践探索，尽管面临一系列挑战和错误，但总体上实现了持续进步，获得了重要成果和经验。深入梳理这一时期思想政治教育的进展，特别是其动力源泉和经验教训，对于在当下时代背景下推动该领域健康发展具有关键意义。

（一）思想政治教育的直接动力

思想政治教育的进展动力源自多个层面：基础动力源于社会生产力的发展，这直接关联到国民经济和人民生活水平的提升；党的历史任务和时代使命构成了基本动力，这影响着教育的目标和方向；而学生的个人发展需求则是直接动力，这反映了教育需满足的具体要求。

起初，中国生产力水平较低，解决基本生活需求成为迫切问题，这一时期思想政治教育着重于政治工作的功能。随着生产力的提高和人民生活水平的改善，思想政治教育的焦点逐渐转向了思想引领和精神凝聚。在这个过程中，党的历史任务和目标不断调整更新，从最初的政权巩固和经济恢复，到后来的社会主义建设和现代化推进，思想政治教育的目标和内容也随之演变。

特别是改革开放以后，国家经历了全面的社会经济转型，生产力得到了空前发展，同时，对思想政治教育的要求也越来越高，更加注重培养具有社会主义核心价值观的合格建设者和接班人。这一时期，党和国家的政策导向明确提出了培养德智体美全面发展的社会主义新人的目标，思想政治教育据此不断调整教育策略和方法。

综上所述，新中国成立以来思想政治教育的发展既遵循了内在的逻辑规律，又是对社会发展新要求的积极响应。这个过程不仅凸显了思想政治教育的政治性和教育性的统一特征，也展示了其在不同历史阶段中的灵活性和适应性。

（二）思想政治教育的直接驱动力

学生个体发展需求作为高等教育中思想政治教育进步的直接驱动力，对于新中国成立 70 多年的发展具有决定性影响。这一时期内，社会对于人才的客观要求与学生的个人成长需求之间存在的差异，成为推动思想政治教育发展的关键因素。这种差异主要表现在几个方面：在社会主义改造时期，社会对思想政治素养的需求与学生在传统教育背景下所形成的观念存在冲突；在社会主义建设时期，对"红色与专业"兼备素质的要求与学生的实际思想状态不匹配；在改革开放期间，对符合中国特色社会主义要求的政治品格和知识构成的需求与学生多样化的思想观念相矛盾；在新时代，培育具备全面发展素质的社会主义建设者和未来接班人的目标与学生受到西方意识形态影响的现实情况相冲突。

为了调和这些矛盾，思想政治教育持续自我革新，从过去偶尔举行的政治活动转变为一种更为常态化、制度化的实践；从全体参与型教育转向更加专业化和职业化的教学方法；从单一的理论讲授转向结合实际的理论应用；从封闭的教育模式转向更加开放和互动的学习环境。通过不断地理论创新、拓展研究领域、引入新的教育媒介和丰富教学方法，思想政治教育在解决社会需求与学生发展需求之间的矛盾过程中取得了显著进步，有效提升了教育的针对性和实际效果，更好地满足了学生的成长和发展需要。

三、新中国成立 70 多年来思想政治教育的发展经验

（一）坚持以马克思主义为指导思想，确保思想政治教育的正确方向

在过去的 70 多年里，随着新中国的成立和发展，高等教育领域的思想政治教育经历了不断的探索、实践与进步，形成了丰富的经验积累。

中国始终把马克思主义作为思想政治教育的核心指导思想，这一点确保了教育方向的正确性。自新中国成立伊始，便以马克思主义理论为基础，致力于消除封建和帝国主义思想对年轻一代的影响。随着党和国家对高等教育的持续指导，学校逐步改进和开设相关的理论课程，强调对马克思主义中国化成果的学习和研究。例如，自 20 世纪 50 年代起，便加强了《毛泽东选集》的编纂和传播工作，并推广毛泽东思想教育。即便在"文化大革命"期间出现了一些偏差，中国共产党通过不懈的努力，总结经验教训，推动马克思主义与中国具体实际相结合，不断更新马克思主义中国化的理论成果。

改革开放以来，党继续发展马克思主义理论，丰富和深化思想政治教育的理论内容和教学指导，从而保障了教育工作方向的准确性。正如习近平总书记强调的，思想政治教育应牢固树立马克思主义指导地位，深入开展理论教育，为学生的终身发展奠定坚实的思想基础。

（二）加强党的全面领导，将思想政治工作作为学校各项工作的生命线

维护党对各项工作的全面领导是思想政治教育成功的关键。历史经验表明，只有坚

持和加强党的全面领导，思想政治教育才能得到加强和完善。反之，忽视或削弱这一领导，就会导致思想政治教育遭遇挑战，甚至失败。例如，在20世纪80年代，受市场化和西方化影响，一些学校尝试实施校长负责制，结果削弱了党在学校中的领导作用，影响了思想政治教育的质量。为应对这一问题，从1990年起，国家开始强调学校应实施党委领导下的校长负责制，确保思想政治工作在学校中的核心地位。毛泽东、邓小平、江泽民、胡锦涛及习近平等党的领导人都强调了党对学校各项工作，尤其是思想政治教育工作的领导作用。

（三）加强思想政治教育学科建设，促进思想政治教育的科学化发展

加强思想政治教育学科建设，推动思想政治教育的科学化发展，也是累积的重要经验之一。"思想政治工作是一门科学"，这一理念的确立促使了思想政治教育学科的形成和发展。从1980年起，国家开始探索设置政治工作专业，并在1984年将思想政治教育学正式确立为专业方向，南开大学、武汉大学等高校成为该专业的试点。此后，国家设立了硕士和博士学位授权点，逐步建立起完善的思想政治教育学科体系。2005年，中央进一步加强了马克思主义理论学科建设，鼓励高校设置马克思主义理论博士点，并推进马克思主义学院和国家级研究中心的建设，这些措施有效促进了思想政治教育的科学化、系统化发展。

（四）加强思想政治理论课建设，发挥思想政治教育主渠道作用

新中国成立70多年以来，党和国家积极探索和推进思想政治教育工作者队伍的构建和发展。1952年，中共中央实施了在高等院校试点政治工作制度的指令，倡议成立政治辅导处，形成了政治辅导员的初步队伍。1958年，教育部进一步明确了思想政治理论课教师队伍的专兼职结构、管理领导方式，并提出了成立专业培训机构的建议。1978年，《全国重点高等学校暂行工作条例（试行草案）》发布，规定了一、二年级设立政治辅导员或班主任的要求，从有政治工作经验的专职党政干部、政治理论课教师中选拔人员担任。

（五）加强思想政治教育队伍建设，为思想政治教育提供人才保证

为确保思想政治教育工作队伍的规模和素质，1995 年国家教育委员会发布《中国普通高等学校德育大纲》，首次明确了学生专职政工人员与学生的比例要求；2017 年12 月，中共中央、国务院发布《关于加强和改进新形势下高校思想政治工作的意见》，提出了思想政治理论课教师与学生、辅导员与学生的比例标准。党的十八大以后，思想政治教育工作者队伍建设步入了创新和发展的新阶段。2014 年教育部发布的《高等学校辅导员职业能力标准（暂行）》的通知》为新时代辅导员提出了又"红"又"专"的要求；2016 年的全国高校思想政治工作会议则对新时代的队伍建设方向进行了全面阐述。

目前，我国已形成了一支既具有政治理论素养又专业化、职业化、稳定的思想政治教育工作者队伍。

四、思想政治教育当前存在的问题

（一）教育对象存在的问题

在新中国成立的 70 多年里，思想政治教育面向的学生群体在几个关键方面遇到了挑战：首先，学生群体的政治信念和价值观念尚未坚定，存在着一定程度的功利性。通过调查分析发现，尽管大多数学生对于马克思主义政治信念持肯定态度，但依然有相当一部分学生对此持有疑虑或反对意见，显示出他们政治信仰的不稳定性。这一现象值得教育工作者深思，因为坚定的信仰是国家和民族精神的核心。中国始终将马克思主义作为指导思想，视其为社会主义现代化建设的精神动力。然而，由于国际和国内的复杂环境，一些学生对自己的政治信仰和道德观产生了动摇。

其次，学生在基础理论知识和学习目标的明确性上存在不足。一部分学生普遍面临基础知识能力水平较低的问题，部分原因在于高考政策导致的优质生源流失。调查显示，许多学生之所以选择某些学校，是因为相对较低的录取分数线，这也间接导致了学生文化水平普遍不高，影响了他们的学习效率和对知识的掌握，从而影响了对未来的信心和

学习积极性。

最后，部分学生缺乏自我认知，存在自卑感。调查结果表明，学生在政治素养和道德意识方面在各个院系之间没有太明显的差异，大多数学生持有积极的社会责任感。然而，仍有少数学生因各种原因缺乏自信，如高考录取过程中被公立院校拒绝、民办院校较高的学费对于普通家庭学生造成的心理压力等。加上不同院系自身在教育经验、发展机制以及教学质量方面可能存在一定不足，使得学生在人才培养过程中面临更多挑战。

（二）教育者存在的问题

在我国的高等教育系统中，一部分教育管理层和教师对学生的思想政治教育未给予充分的关注。作为思想政治教育工作的关键执行者，他们在贯彻国家思想政治教育方针和政策的过程中扮演着极其重要的角色。理论和思想政治的教育可以通过富有吸引力的课堂讲授有效传播，然而一些学校在追求满足社会对学生专业技能的需求时，过分强调技能训练而忽略了对学生进行正确政治理念指导的重要性。此外，一些学校领导层对思想政治教育的轻视也是造成教育工作未受到应有重视的另一因素。一些高职院校领导可能因缺乏对政治教育的忠实，以及对升学就业压力的理解，而采取与企业结合，并且与企业类似的运营方式来管理高校，这种做法忽视了对学生进行思想政治教育和正确价值观引导的必要性。

教育者的角色复杂性在我国的教育系统中同样显著。在常规情境下，教育者作为教学和教育活动的主导者，承担着向学生传授知识和价值观的职责。然而，在特定情况下，教育者和受教育者之间的主客体关系可能会发生变化，使原本的教育者在某些情境下变成学习的接受者。鉴于这种身份的特殊性，教育工作者需要不断地更新自身的知识体系、提升道德修养，并掌握相关的教育学知识，以便适时地调整和转换自己的角色。

此外，我国教师队伍在学历和职称结构上存在不均衡的现象。总体上，教师的分布呈现非正常分布状态，例如，高校中教授级别的兼职教师比例高达36.5%，在民办高等教育机构中占有相对较大的比例。而从高级职称的兼职教授与初级职称的助教讲师之间的比例来看，存在一种较为平衡的状态，显示出职称结构在一定程度上的均衡分布。

（三）教育环境存在的问题

在我国教育体系中，教育环境建设还面临着一系列挑战：一方面，学校的管理和教育机制尚未完善。受限于多种因素，包括资源配置和制度建设等，我国某些高校在科学管理和教育运行方面仍然处于探索阶段。这些学校往往需要依赖自身的资源进行运营，面临着招生和就业这两大核心问题，这不仅影响了学校的长远发展，也忽视了构建学校内部持续发展的制度框架。理想的教育环境应当是教育、管理和服务三者相辅相成，共同促进学生的全面发展，但目前很多学校未能实现这一目标，思想政治教育的有效性因而受到限制。此外，由于缺乏政府资助，学校的财务状况较为紧张，导致教育资源和活动的实施受限，进一步影响了教育质量和效果。

另一方面，学校教育机制存在明显的弊端。资金短缺、教育设施建设不足、师资队伍建设不够完善等问题导致学校的教育和管理体系运行效率低下。很多学校在思想政治教育方面的重视程度不够，导致了思想政治理论课教学效果不理想和教育经验不足等问题。再者，"重技轻德"的教育模式削弱了思想政治教育的效果。为了提高就业率和吸引更多的学生，很多学校将教学重心放在了提高学生的专业技能上，而忽略了思想政治教育的重要性。这种教学模式不利于学生全面发展，也忽略了对学生进行思想政治引导和价值观培养的重要性。同时，学校思想政治教育工作往往被视为次要任务，缺乏校内外的广泛支持和认可，这进一步限制了思想政治教育工作的深入开展和效果实现。

在当前国际、国内两种局势的推进下，我国高校思想政治教育发展迅速。但是对于某一些院校来说，在这种巨大形势变化的影响下，存在着一些应对不力的情况。这些高校虽有多年的努力也积累了一些丰富的实践经验，并且在党的领导下进行了一些改革。然而，面对快速变化的社会环境和学生群体的多样化需求，这些学校在思想政治教育的机制建设和教育方法更新上仍面临着挑战。教育者自身的知识和技能更新跟不上时代的步伐，加上教师流动性较大，将教育职业视为自己的工作跳板，以及专业匹配不足的问题，均使得这些院校难以实现思想政治教育的既定目标。此外，教师的专业技术能力、基本教育知识和道德素质亟须加强，以便更好地应对学生的心理和认知调整需求。

在学校思想政治教育的具体实施方面，虽然多数学校响应教育部的号召，设立了相关课程，但课程内容大多限于理论讲授，未能实现理论与实践的有效融合。这导致学生对思想政治课程的理解和吸收不深，教学内容未能触及学生内心，教育方法仍旧遵循传统模式，缺乏创新和实用性。此外，很多学校在思想政治教育中更侧重于知识传授而忽视了育人功能，未能充分挖掘和利用有效的教育资源和手段，使得教育活动的实效不如预期。这些问题的存在，无疑加大了学校在推进思想政治教育过程中的难度，需要学校在思想政治教育的理念更新、方法改革及资源整合等方面进行深入探索和创新。

第二节
思政教育发展的新路径——课程思政

2020 年，教育部发布了《高等学校课程思政建设指导纲要》，明确提出要"贯彻落实中共中央办公厅、国务院办公厅《关于深化新时代学校思想政治理论课改革创新的若干意见》，将思想政治教育融入人才培养体系，全面推进高校'课程思政'建设，发挥各门课程的育人作用，提高高校人才培养质量"。"课程思政"指的是在各门专业课教学中融入思想政治教育，使"所有课程都承担起育人的责任，守好一段渠、种好责任田，实现各类课程与思政课程同向同行"。

一、"课程思政"的内涵解读

"课程思政"这一理念始于 2014 年，当时上海市委、市政府发布并实施了《上海市教育综合改革方案（2014—2020 年）》，在全国范围内率先进行教育综合改革试点工作，"课程思政"的教育理念和设计首次得以亮相。2017 年，中共教育部党组发布了《高校思想政治工作质量提升工程实施纲要》，在当前教育实际背景下，从专业化的角度解读了"课程思政"的理念，随后在文件落实过程中逐步推广。习近平总书记多次在谈及高校思想政治工作时提到"课程思政"，并对高校思政教育提出新的要求，进一步推动了高校课堂教育教学的改革。

（一）"课程思政"的概念界定

"课程思政"从字面上看，是"课程"和"思政"两个概念的有机整合。要解析"课程思政"的内涵，首先需要明确"课程""思政"和"思政课程"的概念定义，以避免混淆。

对于"课程"一词，不同教育学者有不同的解读。夸美纽斯将教材等同于课程，泰勒认为课程即经验，杜威则提出课程即活动。早在中国古代，宋代理学家朱熹在《朱子全书·论学》中提到"课程"，如"宽着期限，紧着课程"和"小立课程，大作功夫"，其中"课程"一般指功课或进程。在现代中国，狭义的"课程"主要指课堂教学内容，即书本教材，《辞海》将其定义为"教学科目"，《现代汉语词典》（第7版）解释为"学校教学的科目和进程"；广义的"课程"则可比作一套生态系统，指学校为实现培养目标而规划的教育内容和过程的总和，包括各类学科及相关教育实践活动。在西方，"课程"源自拉丁语"currere"，意为"跑道、奔走"，引申为"学习的进程"。

"思政"是思想政治教育的简写，指社会或社会群体通过传播一定框架内的政治观点、思想观念和道德规范，开展有目的性、计划性和组织性的影响活动，并引导社会成员自主接受这种影响，形成适应社会需要的思想道德实践活动。[①]

思想政治教育主要包括思想教育、政治教育、道德教育和心理教育等内容。源于马克思主义立场的思想政治教育具有坚实的理论基础，值得深入研究、学习和宣传。与历史上具有剥削阶级性质的思想政治教育相比，马克思主义思想政治教育在本质上有着根本性区别，其定义为：为了实现党和中华民族的伟大奋斗目标，开展社会主义和共产主义思想体系的宣传普及，教育引导人们保持正确的政治态度，合力解决各类思想问题，全面提升人们的思想、道德和心理素质。其根本任务是完善人格和调动积极性，并将政治思想教育置于核心位置，开展综合的思想、道德和心理教育实践活动。

政治思想教育是思想政治教育的重点和核心，以思想教育为主干，并将品德教育作为重要内容。所谓"思政课程"，即思想政治理论课，是为有针对性地进行思想政治教

---

① 陈万柏，张耀灿.思想政治教育学原理[M].3版.北京：高等教育出版社，2015：4.

育而设立的专门课程。2004 年 8 月，中共中央、国务院发布了《关于进一步加强和改进大学生思想政治教育的意见》（中发〔2004〕16 号，简称"16 号文件"），旨在适应新形势的发展和完成新任务的要求，重点提升大学生的思想政治素质，全面引导其发展。该文件成为高校思想政治教育改革的重要指导文件。

根据"16 号文件"，2005 年 2 月，中共中央宣传部、教育部发布了《关于进一步加强和改进高等学校思想政治理论课的意见》（教社政〔2005〕5 号，简称"5 号文件"）。同年 3 月，又出台了《〈中共中央宣传部、教育部关于进一步加强和改进高等学校思想政治理论课的意见〉实施方案》（教社政〔2005〕9 号，简称"05 方案"）。这三个文件标志着新一轮高校思政课教育教学改革进入了加速期。

"05 方案"规定，本科高校需开设四门必修思政课，分别是"马克思主义基本原理"、"毛泽东思想和中国特色社会主义理论体系概论"、"中国近现代史纲要"及"思想道德修养与法律基础"。此外，还需开设"形势与政策"和"当代世界经济与政治"两门选修课。高校思想政治理论课程承担着对大学生进行系统的马克思主义理论教育的任务，是进行思想政治教育的主渠道，在教育大学生坚定马克思主义信仰、坚定社会主义信念、始终坚持对党和政府的信任等方面发挥了重要作用。

课程思政是一种创新的教育理念。高校思想政治工作必须随时代而进、因事而化、因势而新。2016 年 12 月，在全国高校思想政治工作会议上，习近平总书记强调："要坚持把立德树人作为中心环节，把思想政治工作贯穿教育教学全过程，实现全程育人、全方位育人，努力开创我国高等教育事业发展新局面。"习近平总书记和党中央对课程教育的重要指示推动了全国高校思想政治教育工作的教学改革。学者对"课程思政"展开了深入的研究和讨论，其中高德毅和宗爱东的解读最具代表性，受到广泛认同。他们表示："课程思政实质是一种课程观，并不是增设另一门课或新增一项活动，而是将高校思想政治教育融入课程教学和改革的各阶段、各方面，实现立德树人、润物无声。"①

思政课程通过思政课教师的课堂讲授，对大学生进行教育，是培养青年树立坚定理想信念和社会主义接班人的主阵地，也是培养肩负实现中华民族伟大复兴担当者的关键

---

① 高德毅，宗爱东 . 课程思政：有效发挥课堂育人主渠道作用的必然选择 [J]. 思想理论教育导刊，
　　2017（1）：31-34.

环节。然而，现实中思政课程常常面临"单打独斗"、无法与其他学科形成合力的困境，导致育人效果的发挥受到限制。

课程思政的提出与推广在一定程度上解决了这一问题，使思想政治教育的有效性得以提升。课程思政赋予各类课程以思政元素，科学地延伸了思政课程，强调深入挖掘思想政治理论课以外的其他课程中的思政元素，注重思政课程外围的拓展。因此，总结课程思政的要点如下。

在坚持思想政治理论课为核心的基础上，融合各高校的办学特色，通过改革创新教育内容和模式拓展思想政治教育渠道，将思想政治教育渗透到各类课程中，挖掘专业课程中的思政资源，构建显性教育与隐性教育的结合。通过调动所有教育主体，发挥集体的协同作用，将理论与实践、教师与教材、教学内容与教学目标高度融合，把价值引领寓于知识传授和能力培养之中，最终实现全员、全过程、全方位育人，完成对学生的价值引领、知识传授、人格养成、能力建设的"四位一体"人才培育目标。

课程思政是一种具有科学性和时代性的先进教育理念和方法。教育者应深刻理解"课程思政"的内涵，遵循其教育规律，结合专业特点，以潜移默化的方式对学生的价值观进行引导，坚持立德树人的宗旨，达到教育的最高目标。

（二）课程思政的鲜明特性

1. 全面性

课程思政并不是一门独立于其他课程的新增课程，而是一种课程观，它不仅限于思想政治理论课程，而是通过所有学科课程传递育人的基本理念。教育者要实现高校育人的最终目标，需要全员、全过程、全方位的共同努力。全员育人要求全体教师积极参与课程思政的建设，发挥课堂作为育人主渠道的作用。思政课教师与专业课教师需要合作，形成整体育人合力，高校管理层也要参与其中，发挥各部门的作用，将课程思政的建设引入正轨。

全过程育人意味着在所有课程中始终贯穿课程思政，在教学过程中进行隐性渗透式教育。高校的各门课程从根本上看都具有一定的育人功能和责任。过去，育人效果不明显，主要是由于对德育的忽视和轻视。要加强课程思政的效果，教育者就必须在建设过程中不断完善，真正将思想政治教育融入各门课程，实现磨合与融合。

全方位育人需要充分利用各种教育载体。教育不仅仅是课堂教学，还包括诚信教育、校园文化建设、教风学风建设、实践教育活动等，这些都是思想政治教育的重要组成部分，与课堂教育形式不同，但都是课程思政育人不可或缺的部分。

2. 渗透性

课程思政的建设需要多学科的共同合作，思想政治教育工作不限于专门的思想政治理论课，而是要在专业课程教学中巧妙地融入与教学内容相关的思想政治教育元素，引导学生深入理解和应用专业知识，同时领悟其中蕴含的育人道理。渗透性，一方面体现在人的角度上，要提升全体教职员工的思想意识。高校教师要明确各门课程都具备育人功能，所有教师都肩负育人职责；校级党委工作人员则需对课程思政的进展效果负主体责任。另一方面，渗透性体现在探索思想政治教育元素的角度上。高校各类专业课程除了其专业性，还蕴含着丰富的思想政治教育资源，学生在学习过程中需要通过现象看到每门专业课程的本质，感受其中的思政元素。这样不仅能加深学生对知识的理解，还能感受德育的力量与价值，实现内化于心、外化于行，对学业和处事方式都有指导作用。

"专业学科学习与思想道德学习存在着内在统一的关系，表现在知识层面的深层交叉与教学过程的全面融合。全面展开的道德教育必须通过各科教学来实现，或者理解为专业学科课程是道德教育更为广泛、普遍的课程形态，通过更为随机和内隐的方式进行道德教育。"[①] 由此可见，课程思政以润物无声的方式，将思想政治教育资源融入各类专业课教学中，传递理想与价值。其渗透性使教育的范围更加广泛，使思想政治教育更具包容性。

3. 潜隐性

课程思政的潜隐性与思想政治教育理论课程直接传授知识的模式有显著区别。它是一种无形的教育教学方式，通过潜在的、隐性的形式将德育和思政内容传递给学生，采用的教育教学方式通常较为隐蔽。专业课、通识课和实践课主要传授专业技能、通识修

---

① 王健敏.道德学习论 [M].杭州：杭州教育出版社，2002：151.

养和应用实践类知识，这些学科内容都是显性的，但其中每类课程都蕴含着无形的、潜在的、隐性的思想政治教育资源。任课教师需要主动挖掘这些潜隐的教育资源，并在传授学科知识的过程中以潜移默化的方式融入其中。

潜隐性的课程思政教育，对学科任课教师提出了润物细无声的授课方式要求，教师需要精心策划，以达到寓德于课、寓教于无形的效果。课程思政要实现知识传授与价值引领的教育教学目标，既要加强思想政治理论课的显性教学力度，又要以隐性教育的方式将理想信念教育根植于其他各类课程，拓展社会主义核心价值观和意识形态教育的实施场域，引发学生的情感共鸣，从而使思想政治教育内容内化于心、外化于行，最终投身于社会主义事业的伟大建设。

4. 协同性

课程思政建设中的协同育人要求可以从人员和环境两个维度展开。人员维度的协同是指全员育人。全员育人不仅包括高校的教师和职工，还需要家庭成员、社会民众和广大学生的共同参与。在这个过程中，高校处于关键位置，它是学生走向社会的最后一环，直接影响学生今后的思想发展和行为规范。过去存在一种错误观念，认为思想政治理论课完全承担着思想政治教育的任务，而专业课只负责专业知识和技能教育。这种观念导致思想政治理论课与其他学科在教学内容上脱节，未能实现寓德于课、立德树人的目标。思想政治理论课不是唯一承担思想政治教育的课程，其他课程中的教育因素同样重要。这种错误观念影响了马克思主义思想政治教育的效果。思政课程与课程思政应协同教育，充分发挥育人功能，始终坚持社会主义办学方向。思政课教师与专业课教师在教育方向上同向同行，在教育理念上协同育人，集中力量提升育人合力，坚持正确的政治方向，共同进行思想政治教育。同样，社会民众、学生及其家庭成员也应明确自身定位，各司其职，完成育人使命。

环境维度的协同要求营造"大思政"环境。在学校，思想政治教育工作应贯穿课堂和校园的始终，除了打造精品课堂，还要在校园生活中积极宣扬和挖掘思想政治教育元素。"大思政"教育观应在教育的多个环节中把握时代脉搏，结合时事，有的放矢地进行思想政治教育。从多维度探究课程思政的协同性，将思想政治教育以"基因式"融入协同育人的过程中，让课程思政生根发芽。

5. 引领性

新时代高校的育人形式和内容需要打破传统课堂教学中显性知识传授的壁垒，创新育人已经成为必要且紧迫的任务。自全国高校思想政治工作会议以来，各地高校积极推进课程思政建设，改革思想政治教育，强化价值引领，巩固理想信念，这是思想政治教育的重要功能。课程思政具有引领性，不仅思想政治理论课占据主导地位，专业课程在价值引领方面也发挥着极其重要的辅助作用。专业课教师应以身作则，将专业研究精神与社会主义核心价值观相结合，内化于心，对学生价值观的树立起到不可替代的模范作用。

从课程思政的教学内容来看，需要在知识传授和能力培养中融入价值观引导，不仅要以课堂为载体，更要重视对价值的塑造，明确正确的价值理念和高尚的精神追求。教育的职责不仅仅是传授专业知识，更重要的是对学生道德品质和理想信念的引领作用。习近平总书记形象地比喻青少年学生正处于人生的"拔节孕穗期"，需要学校和家庭精心引导和协同培育。青少年是国家的未来，他们的价值取向在一定程度上决定了未来整个社会的价值取向。高校课程思政的核心特性是价值引领，青年时期的价值观教育对于个人、国家和社会都具有重要意义。

二、课程思政对培养学生全面发展的作用

课程思政，或称课程思想政治教育，是指在各学科教学活动中融入思想政治教育的内容，使之成为培养学生思想道德的重要途径。这一教育策略不仅关注学科知识的传授，更强调通过课程内容来塑造学生的价值观、世界观和人生观。在教育的全过程中，课程思政将思想政治教育与学科教学有机结合，旨在通过各学科的具体教学实践，培养学生的社会责任感、历史使命感及批判性思维能力。

课程思政的教育意义在于它不仅仅是进行知识传授的过程，而是一个全面塑造学生个性和能力的过程。通过将思政教育与学科知识整合，学生可以在学习专业知识的同时，加深对社会、历史和文化的理解，从而更好地形成正确的价值观和人生观。此外，这种教育方式还鼓励学生主动思考和解决现实生活中的问题，提高解决复杂社会问题的能力。

（一）课程思政教育的特点

课程思政是一种将思想政治教育融入课程教学的实践方式，旨在通过课程教学传递正确的价值观和理念。这种教育方式强调在学科教学中不仅传授专业知识，同时也培养学生的社会责任感、历史使命感和正确的世界观、人生观、价值观。

课程思政的教育目标是多方面的。首先，它强调通过整合思想政治教育内容到专业教学中，使学生能在学习专业知识的同时，加深对社会主义核心价值观的理解和认同。其次，此方式还旨在培养学生的批判性思维能力，使他们能够独立思考、判断和解决问题。最后，课程思政也致力于培养学生的综合素质，使他们成为能够为社会的发展做出贡献的全面发展的社会人。

课程思政的理论基础主要来源于马克思主义的基本原理、我国特色社会主义理论体系和我国传统文化的教育智慧。这些理论为课程思政提供了坚实的哲学基础和价值指导。在具体的教育策略上，课程思政强调以下几点。

第一，整合性。将思想政治教育与专业教学内容的有机融合是课程思政的核心特点之一。为实现这一点，教师可以设计与课程内容紧密相关的政治教育案例，如在经济学课程中讨论社会主义市场经济的优势，或在历史课中探讨我国特色社会主义的发展历程。通过案例分析、问题讨论等方式，不仅增强了教学的吸引力，也使得思想政治教育内容更加贴近学生的学习现实，易于学生理解和接受。

第二，实践性。课程思政强调理论与实践的结合。通过安排学生参与到与课程相关的社会实践活动中，如社区服务、志愿活动或者专业实习，学生可以将课堂上学到的理论知识用于解决实际问题。这种方法不仅能帮助学生深化对理论的理解，还能增强他们的社会责任感和使命感。例如，管理学学生可以通过帮助当地企业优化管理流程来实践他们的专业知识，同时加深对社会主义企业管理特色的理解。

第三，互动性。增强课堂的互动性可以极大提高学生的学习兴趣和参与度。课程思政通过组织多种形式的师生互动和生生互动，如小组讨论、角色扮演、辩论赛等，使学生在交流中深入思考，在辩论中锻炼逻辑思维能力。这种互动不局限于传统的课堂讨论，还可以利用现代教育技术，如在线论坛和互动软件，让远程学习的学生也能参与到课堂互动中。

第四，个性化。课程思政教学还需考虑到学生的个体差异，包括他们的学习背景、兴趣和学习能力等。教师可以通过设计不同难度的教学内容，提供多样化的学习材料和活动，以适应不同学生的学习需求。此外，通过一对一的指导或小组内部的差异化教学，可以更好地关注每个学生的学习进展和个人发展，确保每个学生都能在课程思政教学中找到适合自己的学习路径。这种个性化的教学策略有助于激发学生的学习动力，提高教学效果。

通过这些教育策略，课程思政不仅仅是传授知识的过程，还是一个全面提升学生综合素质和价值观认同的过程。

（二）促进道德与价值观的形成

课程思政通过整合思想政治教育与专业知识的教学，不仅提高了学生的学术水平，还对学生的道德和价值观形成具有深远影响。本节将探讨课程思政在塑造学生的社会责任感和职业道德中的作用，并分析如何通过思政教育帮助学生形成正确的世界观、人生观和价值观。

1. 塑造学生的社会责任感和职业道德

课程思政教育重视社会责任和职业道德的培养，将这些教学元素通过课堂讨论、案例分析及社会实践等多种活动形式融入日常学习中。这种教学方法不仅帮助学生理解专业知识，还使他们在解决专业问题时考虑到社会伦理和道德责任的重要性。例如，在法学教育中，教师会挑选具体的法律案例进行深入分析，使学生能够理解并体会到法律在维护社会公正中的作用和重要性。通过这样的学习，学生可以从专业的角度出发，认识到法律专业不仅是技能的学习，更是一种对社会负责的职业态度的培养。在商学课程中，讨论诸如企业的社会责任这一话题，学生们将学习到在追求企业利润的同时，如何评估和平衡企业行为可能对环境和社会造成的影响。通过探讨实际案例，如某企业在环保政策与经济效益之间的权衡，使学生能够深刻理解企业在社会发展中的角色及企业领导者在决策过程中必须考虑的伦理问题。

职业道德的培养是课程思政的核心内容之一。在教育过程中，教师会重点强调诚实守信、公正无私等基本职业行为准则。通过分析具体的职业行为案例，学生可以直观地见识到职业道德在实际工作中的应用，理解在职业生涯中做出道德判断的重要性。这种教学方法不仅培养学生在面临贪污、欺诈等不道德诱惑时能坚持道德底线，也助力学生构建起强大的道德防线，为将来可能遇到的职业挑战做好准备。

通过这样全面而深入的教学安排，课程思政不仅教授学生必要的专业知识，还在潜移默化中培养他们成为社会的负责任成员，具备良好的职业道德和强烈的社会责任感。这种教育方式确保学生从学校到职场的过渡能够顺利进行，同时也为社会培养出具有高度道德标准和责任感的专业人才。

2. 帮助学生形成正确的世界观、人生观和价值观

思政教育的核心目标之一是帮助学生建立正确的世界观、人生观和价值观。通过课程思政，学生不仅学习到知识和技能，还被引导去思考更广泛的社会、历史和文化问题。例如，在文学和历史课程中，教师通过分析不同文化和历史时期的文学作品和历史事件，教育学生理解多样性和复杂性，促进他们形成全面、开放的世界观。

这种教育方法使学生能够从不同的角度和视角来看待问题，理解世界是多元化的，每个文化和历史背景下的行为和决策都有其根源和原因。例如，通过研究东西方文化中的英雄叙事，学生可以比较不同文化如何塑造其社会价值和行为规范。这样的比较不仅增强了学生的批判性思维能力，也帮助他们理解并尊重文化差异。

同时，思政课程也通过讨论当代我国的发展挑战和成就，帮助学生形成符合时代要求的人生观和价值观。这一过程中，教师引导学生深入了解国家的历史进程、经济发展及在全球化背景下的国际地位变化，从而使学生对国家的发展有一个实际和全面的认识。通过这些讨论，学生能够理解个人发展与国家利益之间的联系，认识到自己在推动社会和国家进步中的潜在角色。

此外，通过引入我国传统文化元素，如儒家的仁爱思想、道家的自然观，使学生在尊重传统的同时，能够在现代社会中找到适合自己的生活方式和价值追求。儒家教育强调个人德行和社会和谐，而道家哲学则教导顺应自然和内心的平和，这些思想被融入课堂讨论和项目中，帮助学生探索如何在快速变化的世界中维持个人的道德准则和精神平衡。

综上所述，课程思政不仅是教育学生的一种方法，更是一种培养他们成为具有全球

视野、历史感知及深厚文化素养的公民的重要途径。通过这些综合的学习体验，学生能够形成一个坚实的价值观框架，为他们未来的职业生涯和个人发展奠定基础。

（三）培养学生的批判性思维和创新能力

课程思政的核心目标是使学生能够在复杂的社会环境中，对信息进行独立思考和合理判断。在课堂上，教师应当引导学生主动探索问题、分析问题，并且鼓励他们提出自己的见解和解决方案。这种教学方式不应局限于传统的知识讲授，应更强调学生能力的全面发展。

1. 促进学生思维方式转变

思政教育在传统的教育模式中常被视为灌输式教学的一部分，但现代课程思政教育更强调引导学生批判性地思考问题。通过提供多角度的信息和不同的观点，教育者鼓励学生挑战既有的知识和观念，从而促进他们的思维方式发生根本的转变。例如，在讨论经济政策时，不仅展示政策的正面影响，也分析可能引发的问题和挑战，激励学生从多维度分析和评价问题。

这种教学方法通过引入广泛的学术资源和现实世界的例子，挑战学生对事物的固有看法，促使他们思考更加全面和深入。例如，在探讨全球化的经济效应时，课程可能会涵盖从经济学家到环保主义者的多种观点，让学生了解到全球化不仅带来经济增长，也可能导致资源不均和环境压力，从而帮助学生建立更加平衡和批判性的思考框架。

此外，课程思政通过案例分析、角色扮演和模拟决策等教学方法，使学生在解决问题的过程中学会独立思考。例如，通过模拟联合国会议，学生可能需要扮演不同国家的代表，为全球议题如气候变化、贸易争端等提出和辩论解决方案。这种教学方式不仅帮助学生了解理论的实际应用，也锻炼了他们在面对复杂问题时的思维敏捷性和决策能力。

这种多元化和互动性强的学习环境鼓励学生积极参与学习过程，提高了他们的批判性思维能力。学生在此过程中不仅学会了如何分析和处理信息，更重要的是，他们学会了如何在不同情况下应用这些知识，进行有效决策。通过这样的学习经历，学生能够在将来的学术和职业生涯中，以更加成熟和责任感强的态度应对各种挑战和机遇。

2. 激发学生的创新精神和实践能力

课程思政在激发学生的创新精神和实践能力方面发挥着关键作用。通过将创新思维和实际操作相结合的教学活动，如项目式学习、创新实验和企业合作项目，鼓励学生将理论知识应用于解决实际问题，从而在实践中不断创新和提升自己的能力。

这种教育方式通过实际操作和创新思维的结合，培养学生的解决问题能力。项目式学习特别强调跨学科的知识应用，学生在设计项目过程中需要运用来自不同学科的理论和技术，如将数学、科学和工程知识整合来解决工程问题。这种学习模式不仅提高了学生的技术应用能力，更重要的是提升了他们的综合思考能力。

例如，工程学科的学生可能会参与到真实的工程项目中，应用他们的专业知识设计和优化产品。这些项目通常要求学生从零开始设计解决方案，可能涉及新材料的使用、节能技术的开发或者自动化系统的构建。通过这种实践，学生不仅能够体验到创新的成果，也能学会如何在团队中协作，如何解决突发问题。

企业的合作项目提供了另一种形式的实践机会。在这种模式下，学生能够直接参与到企业的日常运营中，解决实际工作中遇到的问题。这种经验不仅使学生能够将课堂上学到的理论知识应用于实际工作环境，还能够从中学习到如何在商业环境中创新，如何适应快速变化的工作需求。

这样的教育模式不仅增强了学生的实践能力，也激励他们在未来的职业生涯中持续进行创新。在这个过程中，学生不仅学习到如何使用专业知识解决问题，更重要的是，他们学会了如何在不断变化的世界中保持创新思维，这将极大地促进他们未来在各自领域中的发展和成功。

此外，课程思政还通过组织辩论赛、创意大赛等活动，提供一个展示创新能力和批判性思维的平台。这些活动不仅提高了学生的学习动力，还加深了他们对社会问题的理解和关注，进一步促进了学生的全面发展。辩论赛特别有效地锻炼了学生的口头表达能力和逻辑思维。在辩论中，学生需要快速思考，明确地表达自己的观点，同时批判对方的论点。这种高压和对抗性的环境促使学生不仅要深入理解自己的立场，而且也必须理解对立的观点，从而提高他们对问题多角度的看法和深度的分析能力。例如，在讨论环保政策的辩论中，学生被鼓励从经济、社会、环境等多个角度评价政策的有效性和可行性，这不仅增强了他们的批判性思维，也使他们更加关注全球和社会的可持续发展问题。创意大赛则是另一种形式，它激发学生的创造力和创新思维。在这类活动中，学生需要将自己的想法转化为具体的项目或解决方案，应对真实的社会或技术问题。通过设计新产品、提出新服务或创造新的工作流程，学生不仅能将他们的理论知识应用于实际，还能学习如何在团队中合作，如何将创意实现为实际可用的解决方案。这些活动让学生有机会在实际操作中测试和完善自己的创意，提供了一个实践和展示自己创新思维的舞台。通过这些丰富多样的活动，课程思政不仅提升了学生的学术技能和专业知识，更重要的是培养了他们的社会责任感和道德判断力。学生们在参与这些活动的过程中，不仅提升了个人能力，也加深了对社会问题的认识和思考，为他们将来成为具有责任感和创新精神的社会成员打下了坚实的基础。

第二章
课程思政发展的理论

在当代高等教育中，随着课程思政理念的不断推广和实践深化，各学科课程均面临着如何有效整合思政元素的挑战。特别是在高校英语课程中，这一挑战更为突出。英语作为一门语言工具课程，其跨文化的特性为课程思政提供了独特的视角和广阔的实践空间。如何通过英语课程传递正确的价值观念和文化理念，以及如何利用英语课堂培养学生的批判性思维和全球视野，同时强化对本土文化和价值的认同，要求我们对现有的英语教学模式进行深入的反思和创新，探索包括文本选择、教学方法、课堂互动等在内的多维度整合策略。

第一节　系统协同教育理论

系统协同教育理论是一种综合性的教育理论，强调教育系统内部各个要素的协调和合作，以实现整体教育目标的最大化。该理论基于系统论的原理，认为教育过程是一个复杂的系统，各个环节和要素之间相互作用、相互影响，只有通过有效的协同，才能实现教育的整体优化。

系统协同教育理论的核心在于系统性和协同性。系统性指的是教育活动中的各个要素，如课程设置、教学方法、评价机制等，都是教育系统中的组成部分，必须相互协调、共同作用。协同性则强调，各个教育环节需要通过有效的沟通和协调形成合力，提升教育效果。

在课程思政的背景下，系统协同教育理论具有重要的应用价值。

一方面，课程思政需要将思想政治教育和专业教育有机结合，这就要求在教学设计和实施过程中，各个教育环节需要紧密配合。例如，教师在设计课程时，需要将思政元素融入专业课程内容中，同时，学校的教学管理部门也需要提供必要的支持和资源，以保证课程思政的有效实施。

另一方面，系统协同教育理论强调教育的整体性和连贯性。在课程思政的实施过程中，学校需要从整体上规划课程思政的目标和内容，确保各门课程之间的思政教育内容互补，形成系统化的教育体系。这不仅需要教师的配合，还需要学校的领导和各部门的共同努力。

通过引入系统协同教育理论，我们可以更好地理解和实施课程思政，将思想政治教育与专业课程教学有效结合，从而实现教育目标的整体优化和学生全面发展的培养目标。

一、系统协同教育理论的基本概念和核心要素

（一）系统协同教育理论的定义

系统协同教育理论是基于系统论和协同论原理发展而来的教育理论，旨在通过协调教育系统内的各个要素，优化整体教育效果。其核心思想是将教育视为一个由多个互相关联的部分组成的复杂系统，并通过协调各部分的作用实现系统的最佳状态。

1. 系统的定义和构成

在系统论中，"系统"被定义为由多个相互关联的部分组成的整体，这些部分通过特定的结构和功能关系形成一个有机整体。系统不仅是各部分的简单集合，而是这些部分通过相互作用和相互依赖形成一个具有整体效应的综合体。系统的核心特征包括整体

性、相互关联性、功能性和动态性。

在教育领域，系统通常包括以下要素。

（1）课程

课程是教育系统的核心要素，包含了教学内容、教学计划、教学目标及评估标准等。课程设计需要考虑学生的认知水平和兴趣需求，以实现教育目标的最大化。

（2）教师

教师在教育系统中扮演着关键角色，他们负责传授知识、引导学生思考并激发学生的学习兴趣。教师不仅需要具备深厚的专业知识，还需要掌握有效的教学方法和良好的沟通能力。

（3）学生

学生是教育系统的主体，他们是知识接受者和学习者。学生的背景、兴趣、学习能力和动机等因素都会影响教育效果。因此，教育系统需要根据学生的个体差异提供个性化的教育服务。

（4）教材

教材是教育过程中传递知识的重要媒介，包括教科书、练习册、参考资料等。高质量的教材不仅能够准确传递知识，还能激发学生的学习兴趣，促进深度学习。

（5）教学环境

教学环境包括物理环境（如教室、实验室、图书馆等）和社会环境（如学校文化、教育政策等）。良好的教学环境能够提供支持和资源，促进有效的教学和学习活动。

（6）评价机制

评价机制是用于评估学生学习效果、教师教学质量和课程实施效果的重要手段。科学的评价机制可以提供有价值的反馈，帮助教育系统不断改进和提升。

这些要素不仅各自具有独特的功能和作用，而且相互影响、相互依赖，构成了一个动态的教育系统。教育系统通过各要素之间的协同作用实现教育目标，并不断适应和优化，以应对外部环境的变化和需求。

2. 协同作用及其在教育中的体现

协同作用指的是系统内部各个要素之间的互动和合作，能够产生比单个要素独立作用更大的效果。协同作用是系统功能优化和效能提升的关键，通过要素之间的相互作用和配合，可以实现整体效果的最大化。

在教育中，协同作用的体现包括以下几个方面。

（1）教师与学生之间的互动

教师与学生的有效沟通和互动是教育过程中的重要组成部分。当教师与学生之间的沟通畅通无阻时，学生能够及时获得反馈，理解和掌握知识的效率会显著提高。例如，教师在课堂上通过提问、讨论和个别辅导等方式与学生进行积极互动，能够有效激发学生的学习兴趣和主动性。

（2）课程内容与教学方法的配合

课程内容与教学方法的有效配合能够显著提升学生的学习效果。不同的课程内容适合采用不同的教学方法，如理论课程可以结合案例分析和讨论，实践课程则需要更多的实验和操作。通过教学方法的优化和调整，可以使课程内容更加生动有趣，帮助学生更好地理解和应用知识。

（3）学校管理与教育实践的协调

学校管理与教育实践的有效协调能够为教学活动提供有力的支持和保障。学校管理包括教学资源的配置、教师培训、教学质量监控等方面，通过科学管理和合理规划，可以优化教育资源的利用，提升教育效果。例如，学校通过定期组织教师培训和教学研讨，提升教师的教学能力和水平，从而提高整体教育质量。

（4）跨学科合作与综合教育

现代教育强调跨学科合作与综合教育，通过不同学科之间的协同合作，能够培养学生的综合素质和创新能力。例如，在一个综合项目中，学生可以同时学习科学知识、工程技术、社会科学等多方面的知识，通过跨学科的学习和实践，提升综合素质和解决复杂问题的能力。

系统内的这种协同作用，使得教育过程更加高效、更加有序，并且能够实现教育目标的最大化。通过要素之间的有效协同，教育系统不仅能够提升整体效能，还能够更好地适应变化，不断优化和创新，以应对教育环境和需求的变化。

（二）系统协同教育理论的核心要素

1. 系统性：整体与部分的关系

系统性是系统协同教育理论的一个基本要素。系统性强调教育过程中的各个组成部分（如课程设计、教学方法、评价机制等）并非孤立存在，而是相互联系、相互作用的整体。整体系统的功能和效果不仅取决于各部分的独立功能，还取决于这些部分如何协同工作。

例如，课程内容的设置需要考虑学生的实际需求，确保所选课程能够满足学生的兴趣和发展方向。课程设计者需要根据教育目标选择适当的教学内容和资源，使课程内容既具有学术性，又具备实践性。

教学方法的选择应与课程目标相匹配。不同的课程目标需要不同的教学方法来实现，如探究式学习适合培养学生的批判性思维，项目式学习有助于提升学生的实践能力。教师在选择教学方法时，应充分考虑课程目标和学生的特点，以达到最佳的教学效果。

评价机制的设计则需能够准确反映学生的学习情况。科学的评价机制不仅关注学生的考试成绩，还应包括对其综合能力和素质的评估，如团队合作能力、创新能力和实践能力等。通过多维度的评价，教师可以全面了解学生的学习效果，及时发现问题并进行调整和改进。

整体系统的优化需要对各部分进行协调，以确保教育目标的实现。这种系统性思维要求教育管理者、教师和学生共同参与，通过有效的沟通和合作形成合力，推动教育系统的整体发展和提升。

2. 协同性：各要素之间的相互作用

协同性强调系统内各个要素之间的相互作用和合作。在教育实践中，这意味着教师、学生、教材、教学环境等各要素需要通过有效的沟通和协调，实现教育目标的最大化。协同性的体现不仅在于各要素的协调，还包括它们在教育过程中形成的相互支持和配合。

例如，教师通过合理的教学策略和方法来激发学生的学习兴趣。教师可以根据学生的特点和课程内容采用灵活多样的教学方法，如讨论、案例分析、实践操作等，激发学生的学习积极性和主动性。

学生的积极参与和反馈也会促进教师教学方法的调整和优化。学生在学习过程中提出的问题和建议，是教师改进教学的重要依据。通过师生之间的互动和反馈，教师可以不断优化教学内容和方法，提高教学效果。

教材与教学环境的配合也是协同作用的重要体现。高质量的教材能够提供丰富的学习资源和指导，而良好的教学环境则为学生的学习提供了支持和保障。例如，现代化的教学设备和网络资源可以为学生提供更多的学习机会和便利。

系统内的这种协同作用可以大大提升教育的整体效果。通过要素之间的有效配合和互动，教育系统能够更加高效、有序地运行，达到预期的教育目标。

3. 动态性：系统的变化和发展

动态性是系统协同教育理论的另一个要素。教育系统是一个不断变化和发展的过程，各个要素在不同的时间和环境下可能会发生变化。动态性要求我们在教育过程中不断适应变化，及时调整教育策略和方法，以应对新情况、新问题。

例如，随着科技的发展，教育技术和教学手段不断更新，这就要求教育系统能够灵活地进行调整，以充分利用新技术带来的机遇。数字化教学平台、在线学习资源、虚拟现实技术等新兴技术的应用，能够丰富教学内容，提升教学效果。

学生的需求和社会的变化也会影响教育系统的动态调整。随着社会的发展和变化，学生的需求和兴趣也在不断变化。教育系统需要及时了解和把握这些变化，调整课程内容和教学方法，以满足学生的多样化需求。

此外，教育政策和环境的变化也需要教育系统具备一定的灵活性和适应性。教育管理者需要根据国家和地区的教育政策调整教育策略，确保教育系统的有效运行和持续发展。

动态性要求教育系统不断进行自我调整和优化，以保持其有效性和发展性。这不仅需要教育管理者和教师的努力，也需要学生和家长的参与和支持。通过不断适应和调整，教育系统能够在变化中保持活力和竞争力，持续推动教育质量的提升和学生的全面发展。

二、系统协同教育理论与课程思政的融合

（一）理论基础的融合

1. 课程思政中的系统观念

课程思政旨在将思想政治教育融入专业课程教学中，实现思政教育与专业教育的深度融合。其核心在于将思想政治教育的理念和内容系统化地融入各门课程的教学中，从而达到教育的全面性和综合性。在这一过程中，系统观念扮演着重要角色。

系统观念在课程思政中体现为将思想政治教育看作一个整体系统，与专业课程相互配合、协调运行。课程思政不仅涉及思想政治教育内容的嵌入，还包括如何将这种内容与专业课程的教学目标、教学方法、教学评价等要素有效结合。例如，教师在教授专业课程时，可以通过案例分析、课堂讨论等方式引导学生思考和讨论与思政教育相关的问题，从而实现思想政治教育与专业知识的有机结合。

2. 系统协同教育理论的协同作用在课程思政中的应用

系统协同教育理论强调教育系统内各要素之间的协同作用，即各个教育环节和要素需要通过有效的合作和协调，形成合力以实现教育目标。在课程思政的背景下，这一理论的协同作用表现得尤为重要。

一是课程内容的协同：课程思政的实施要求教师将思政教育内容融入专业课程的教学中，这需要课程设计者、教师和教育管理者之间的有效协作。课程设计者应在课程目标中明确思政教育的内容，教师需要在教学过程中灵活融入这些内容，而教育管理者则应提供必要的支持和资源。通过这种协同作用，可以使课程思政更加系统化和有序化。

二是教学方法的协同：在课程思政实施过程中，教师需要采用多样化的教学方法，如案例分析、讨论、角色扮演等，这些方法应与专业课程的教学目标和内容相契合。同时，教学方法的选择也应考虑学生的兴趣和需求，以增强思政教育的吸引力和有效性。通过协同作用，可以提升思政教育的实际效果和影响力。

（二）实践方法的结合

1. 通过系统协同教育理论优化课程思政设计

系统协同教育理论可以为课程思政的设计提供系统化的方法。一方面，在课程设计阶段，需要明确课程思政的目标和内容，并将其系统性地融入专业课程的教学中。这包括对课程目标的调整、对教学内容的整合、对教学资源的配置等方面的优化。

另一方面，在课程设计过程中，需要考虑到各个教学环节的协调。例如，在设计课程内容时，可以将思政教育的核心理念与专业课程的知识点相结合，通过合理的教学安排和资源配置，实现课程目标的最大化。课程设计者可以利用系统协同教育理论的思想，优化课程结构，确保思政教育内容与专业课程的有机融合。

2. 实施协同教学模式，增强课程思政效果

实施协同教学模式是提高课程思政效果的重要途径。协同教学模式强调教师、学生和课程内容之间的互动与合作，以实现教育目标的最佳效果。具体实施方法包括以下几种。

（1）教师之间的协作

教师可以通过跨学科合作，共同探讨和设计课程思政的实施方案。例如，思想政治教师与专业课程教师可以共同制订教学计划，将思政教育内容融入专业课程的教学中，从而形成教学合力。

（2）学生参与的协作

教师应鼓励学生积极参与思政教育的过程，如通过小组讨论、项目研究等方式，增强学生对思政内容的理解和认同。在教学过程中，教师可以设计一些与专业课程相关的思政活动，引导学生在实际问题中应用思政理论，从而提高课程思政的实际效果。

（3）评价机制的协作

建立科学的评价机制，综合评价学生在课程思政中的表现。这包括对学生思政素养的评估、对课程思政实施效果的反馈等。通过协同评价，教师可以不断优化课程思政的实施策略，提高教育效果。

通过系统协同教育理论的应用，教师可以在课程思政的设计和实施过程中，可以实

现教育要素的有效协调，从而提高课程思政的整体效果。实践中，教师需要根据具体情况灵活调整和优化，确保课程思政的目标和效果的实现。

第二节　学生主体教育理论

学生主体教育理论是在教育学中强调学生主动性和自主学习的重要理论，认为学生在学习过程中应发挥积极作用，而教师则是引导者和支持者。这一理论主张教育不仅是知识传授，更是学生自主探索和发展的过程。其核心概念包括主体性，即学生应主动参与学习，兴趣和需求成为教育核心；自主性，即学生应有选择学习内容、制订学习计划和评估成果的能力；互动性，即学生与教师间应形成互动关系，教师支持和引导学生克服学习困难，促进发展。

学生主体教育理论与课程思政的结合，体现了教育的全面性和深度。课程思政在强调思想政治教育重要性的同时，必须考虑学生的主体地位。首先，课程思政应尊重学生的主体性，通过引导学生自主参与思政教育活动，激发他们的兴趣和积极性，如通过研究项目和讨论会等形式。其次，课程思政的实施应允许学生根据自身兴趣和需求选择相关内容进行深入学习，并提供多样化的学习资源和活动供其自主选择。最后，互动性原则为课程思政提供了指导，教师可以通过课堂讨论、案例分析和问题解决等互动形式，帮助学生理解和应用思想政治理论。通过引入学生主体教育理论，可以使课程思政更符合学生的需求和兴趣，提升其效果，实现思想政治教育与专业教育的深度融合。

一、学生主体教育理论的基本概念和核心要素

（一）理论的定义与起源

学生主体教育理论是一种强调学生在学习过程中主动性和自主性的教育理论，突出了学生在教育活动中的主体地位。这一理论主张，教育不仅是教师向学生传递知识的过

程，更是学生积极参与、自主探索的过程。核心在于将学生置于教育的中心位置，强调他们的需求、兴趣和能力在教育中的重要性，从而促进他们的全面发展。

学生主体教育理论的起源可以追溯到教育学领域的早期探讨，但其系统化发展主要在 20 世纪。以下是一些重要的代表人物和理论发展阶段。

（1）约翰·杜威（John Dewey）

杜威是学生主体教育理论的重要奠基人之一。他在其教育哲学中提到，教育应当关注学生的实际需求，倡导以学生为中心的教育方法。杜威强调，教育不仅是知识的传授，更是学生社会经验的积累和能力的培养。他提出了"以学生为中心"的教育理念，主张教育应当根据学生的兴趣和实际情况进行调整。这一理念推动了教学方法的变革，使教育更加关注学生个体的发展和实际应用能力的提升。

（2）让·皮亚杰（Jean Piaget）

皮亚杰的认知发展理论对学生主体教育理论也产生了重要影响。他的研究表明，学生的认知能力是在不断发展和变化的，教育应当尊重学生的认知发展规律，提供适合其发展阶段的学习内容和方式。皮亚杰强调学生是主动的知识建构者，学习是一个主动参与和不断探索的过程。他的理论支持了学生主动参与和自主探索的教育方法，倡导通过实际操作和问题解决来促进学生的认知发展。

（3）列夫·维果茨基（Lev Vygotsky）

维果茨基的社会文化理论进一步丰富了学生主体教育理论。他强调了社会互动和文化背景在学生学习过程中的作用，提出了"最近发展区"概念，主张教育应当在学生的实际发展水平和潜在发展水平之间进行适当的挑战和支持。维果茨基认为，学生的认知发展离不开社会环境的支持，教师和同伴的互动对学生的学习起着至关重要的作用。

这些理论的共同点在于，都强调学生在学习过程中的主动性和主体性，并推动了教育方法和策略的变革。通过这些理论的引导，教育从单纯的知识传递转向了更为全面的学生发展，强调学生在学习中的积极作用和主体地位，从而促进了教育质量的提升和教育目标的实现。

（二）核心要素

1. 学生中心：学生在教育过程中的主体地位

学生中心是学生主体教育理论的核心要素之一。根据这一理念，学生被视为学习过程中的主动参与者和中心，教育活动的设计和实施应以学生的需求、兴趣和能力为出发点。教师的角色从知识的传递者转变为学习的引导者和支持者。这意味着，课程内容、教学方法和评价方式都需要根据学生的实际情况进行调整，以确保教育活动能够激发学生的主动性和参与感。

在实际操作中，学生中心的理念可以通过以下方式实现：首先，课程设计应当与学生的兴趣和实际需求相结合，设计符合学生发展水平的学习目标和任务。例如，教师可以在课程设计阶段进行需求调查，了解学生的兴趣点和学习需求，从而制订更具针对性的课程内容和学习目标。其次，教学方法应采用以学生为中心的方式，如合作学习、项目学习和探究学习，鼓励学生自主学习和主动参与。通过合作学习，学生可以在团队中互相学习、互相支持，增强合作能力和沟通技巧；项目学习则通过实际项目的完成，培养学生的动手能力和实践技能；探究学习通过提出问题、研究问题、解决问题的过程，激发学生的好奇心和创新思维。最后，课堂管理应关注学生的个体差异，提供个性化的支持和指导，尊重学生的自主性和选择权。教师应当关注每个学生的独特性，提供多样化的学习资源和支持方式，满足不同学生的学习需求。此外，通过建立积极的课堂氛围，鼓励学生主动参与课堂讨论和活动，让学生在一个开放、包容的环境中自由表达自己的观点和想法，进一步增强他们的参与感和主人翁意识。通过这些方式，学生中心的理念在实际教学中得以实现，可以有效提升学生的学习体验和学习效果。

2. 自主学习：鼓励学生自我管理、自主学习

自主学习是学生主体教育理论的另一个核心要素。它强调学生在学习过程中应当具备自我管理的能力，包括自主制订学习目标、选择学习内容、安排学习时间和评估学习效果。自主学习不仅能提高学生的学习效率，还能培养学生的自律性和独立性。在实际操作中，自主学习可以通过以下措施来促进。

首先，鼓励学生制订个人学习计划。学生需要明确自己的学习目标和步骤，制订出

系统性和有针对性的学习计划。通过设定具体的学习目标和步骤，学生可以更加有条理地安排学习时间和任务，提高学习的系统性和有效性。这样不仅能帮助学生理清学习思路，还能使他们在学习过程中保持明确的方向感和动力。

其次，为学生提供丰富的学习资源，包括书籍、网络资源和实践机会，支持他们自主选择和使用。学校和教师应当提供多样化的学习资源，如图书馆的书籍、在线课程、教育平台、实验室设备等，满足学生不同的学习需求和兴趣。通过提供这些资源，学生可以根据自己的兴趣和需要，自主选择适合自己的学习内容和方式，从而提高学习的积极性和效果。

最后，通过自我评价和同伴评价的方式，让学生对自己的学习过程和成果进行反思和改进。学生在学习过程中应当定期进行自我评价，反思自己的学习效果和方法，找出不足之处并加以改进。同时，通过同伴评价，学生可以获得他人的反馈，了解自己在学习中的表现和进步。通过自我评价和同伴评价的结合，学生能够不断调整和优化自己的学习策略，提高学习的效果和自主学习能力。

通过以上措施，学生能够在学习过程中不断调整和优化自己的学习策略，从而提高学习效果和自主学习能力。这种自主学习的培养不仅有助于学生在学术上的成功，还能为他们未来的职业发展和终身学习奠定坚实的基础。

3. 个性化发展：关注学生的个体差异和独特性

个性化发展是学生主体教育理论的重要方面，关注学生的个体差异和独特性。每个学生在学习风格、兴趣爱好、能力水平等方面都有所不同，教育应当尊重并适应这些差异，为每个学生提供符合其特点的学习机会和支持。实现个性化发展的措施包括以下几种。

首先，根据学生的不同需求和能力，进行差异化教学，调整教学内容和方法。例如，为不同能力水平的学生提供不同难度的任务和挑战。对于能力较强的学生，可以设计更具挑战性的任务和项目，鼓励他们发挥潜力和创新能力；对于需要更多帮助的学生，则提供更基础的内容和更多的指导，帮助他们逐步提高。

其次，为学生提供个性化的辅导和支持，关注他们的兴趣和需求，帮助他们在各自的领域中取得进步。教师应当与学生建立良好的沟通渠道，了解他们的学习兴趣和发展目标，提供针对性的指导和资源支持。例如，教师通过一对一辅导、小组讨论和兴趣小组等方式，帮助学生在自己感兴趣的领域深入学习和探索。

最后，通过灵活的课程安排提供多样化的课程选择和学习方式，让学生根据自己的兴趣和发展需要选择适合自己的学习路径。学校可以开设选修课、专题研讨课和在线课程等多种形式的课程，满足学生多样化的学习需求。同时，允许学生根据自身兴趣和未来职业规划自主选择和调整学习计划，从而更好地发挥他们的自主性和积极性。

通过这些措施，教育能够真正实现因材施教，促进每个学生的全面发展和个性化成长。个性化发展的实施，不仅有助于提升学生的学习效果和积极性，还能培养他们的自信心和独立思考能力，使他们在未来的学习和生活中更加自信和成功。

二、学生主体教育理论与课程思政的融合

（一）理论结合

1. 学生主体教育理论对课程思政的启示

学生主体教育理论对课程思政的启示在于，它强调学生在学习过程中的主动性、自主性和个体差异，提供了一种优化课程思政实施的有效视角。具体而言，该理论对课程思政的启示包括三点。

首先，课程思政应当从学生的实际需求出发，了解他们的兴趣、问题和需求，从而设计出能够吸引他们并符合其发展水平的思政内容。通过关注学生需求，课程思政能够更好地实现思想政治教育的目标，使教育内容更加贴近学生的生活实际和思想实际。

其次，课程思政的实施应鼓励学生积极参与思政讨论和活动，如通过小组讨论、案例分析等形式，让学生在互动中理解和应用思想政治理论。增强学生的参与感和认同感，能够使他们在学习过程中更加主动和投入，从而提升思政教育的效果。

最后，课程思政应当尊重每位学生的个体差异，包括背景、兴趣和认知水平。教师在设计课程时，需要考虑学生的多样化需求，提供个性化的教育内容和活动，以满足不同学生的学习需求。通过尊重和适应这些差异，课程思政能够更加有效地引导学生形成正确的价值观、人生观和世界观，实现教育的真正目标。

2. 在课程思政中体现学生主体地位的必要性

在课程思政中体现学生主体地位具有重要的必要性，这样不仅可以提高教育效果，还能够促进学生的全面发展。

首先，提高教育效果。当学生在课程思政中主动参与和自主学习时，他们的学习效果往往更佳。将学生主体地位融入课程思政，可以使思想政治教育内容更加吸引人和实用，从而提高学生的学习兴趣和效果。

其次，促进思想认同。课程思政的目的是培养学生的思想政治素养和价值观念。当学生在思政教育过程中能够自主探究和参与讨论时，他们对思想政治理论的认同和接受度会更高。自主探究和积极参与的过程，有助于学生内化思想政治理论，使之成为自身价值观的一部分。

最后，支持个性化发展。学生主体教育理论强调个性化学习，这有助于课程思政满足不同学生的需求。通过为学生提供自主学习和个性化支持，可以促进他们在思政教育中的全面发展和成长。这样的个性化支持能够帮助学生在各自的兴趣领域深入探索，进一步提升其思想政治素养和综合素质。

（二）实践结合

1. 通过学生主体教育理论设计课程思政方案

首先，在设计课程思政方案之前，进行需求分析是至关重要的。这一过程旨在了解学生的兴趣、需求和问题，从而确保所设计的思政方案能够切实符合学生的实际情况。需求分析可以通过问卷调查、访谈和课堂观察等方式进行。通过这些方法，教育者可以收集到详尽的学生反馈，明确他们在思想政治教育方面的兴趣点和需求，以及他们在学习过程中遇到的实际问题。

接下来，根据需求分析的结果，进行目标设定。设定明确的课程思政目标，不仅要涵盖思想政治教育的核心内容，还要符合学生的实际需求。例如，课程目标可以包括提高学生对社会主义核心价值观的认同，增强他们的社会责任感和公共意识。这样的目标设定有助于确保课程思政的方向明确，既能达到思想政治教育的目的，又能满足学生的个人成长需求。

在内容设计方面，需要将思想政治教育的核心理念与学生的学习内容相结合。具体来说，在不同学科中融入相关的思政内容。例如，在经济学课程中，可以加入关于社会公平与正义的讨论，帮助学生理解经济学理论在社会层面的应用和影响；在工程课程中，可以探讨科技伦理问题，引导学生思考工程技术对社会和环境的影响。这种内容设计不仅使思想政治教育更具现实意义，也能促进学生对专业知识形成更深理解。

教学方法的选择应以学生为中心，采用多样化的教学方式，如项目学习、讨论式教学和案例分析等。这些方法能够鼓励学生自主探究和积极参与。例如，通过项目学习，学生可以在实际项目中应用和反思思想政治理论；通过讨论式教学，学生可以在互动中深化对思政内容的理解；通过案例分析，学生可以学习如何在具体情境中运用所学理论。这样的教学方法既能激发学生的学习兴趣，又能促进他们对思政内容的深入理解和应用。

通过需求分析、目标设定、内容设计和教学方法的精心设计，课程思政方案不仅能有效传递思想政治教育的核心理念，还能切实满足学生的学习需求和兴趣，促进他们的全面发展。

2. 将学生主体性融入课程思政的具体教学环节

首先，课堂讨论是一个重要的方式。设计开放性的问题和讨论主题，让学生在课堂上自由表达观点和进行讨论。这种互动式教学不仅可以激发学生的思考，培养他们的批判性思维，还能增强他们对思政内容的理解和认同。通过讨论，学生能够从多角度的交流中碰撞出新的思想火花，加深对思想政治理论的内化。

其次，通过小组合作学习的方式，让学生共同探讨思政问题和案例。在小组讨论中，学生可以分享观点、互相学习，从而加深对思政内容的理解。这种合作学习模式可以促进学生之间的交流与合作，培养团队合作精神和沟通能力。同时，通过小组合作，学生能够更深入地探讨复杂的思政问题，获得更全面的认识。

再次，设置与课程思政相关的自主项目，鼓励学生根据自己的兴趣和研究方向进行深入探究。这些项目可以包括研究论文、实践活动或社会调研等，帮助学生将思政理论应用于实际问题。例如，学生可以选择一个社会热点问题进行调研，通过理论分析和实际调查提出自己的见解和解决方案。这样的自主项目不仅可以提升学生的研究能力和实践能力，还能使他们在真实情境中理解和应用思政内容。

最后，反馈与反思也是融入学生主体性的重要环节。在教学过程中，定期收集学生的反馈和反思，了解他们对课程思政内容和教学方法的看法。教师可以通过问卷调查、课堂讨论和个别访谈等方式收集学生的意见，并根据反馈信息进行调整和优化，以提高教学效果。通过这样的反馈机制，教师可以及时了解学生的学习状况和需求，不断改进教学策略，确保课程思政的实施更加符合学生的实际情况。

教师通过课堂讨论、小组合作、自主项目和反馈反思等具体教学环节的设计，可以有效地将学生主体性融入课程思政。这不仅提高了学生对思政内容的兴趣和参与度，还促进了他们的全面发展，培养了他们的自主学习能力、合作能力和批判性思维能力，从而实现思想政治教育的真正目标。

第三节　实践教学教育理论

实践教学是现代教育体系中的重要组成部分，其核心在于通过实际操作和实践活动加深学生对理论知识的理解，培养实际应用能力。实践教学不仅能够增强学生的动手能力和解决实际问题的能力，还能够促进学生的综合素质发展。

在现代教育中，实践教学的作用日益受到重视。首先，实践教学有助于将理论知识与实际应用相结合，使学生能够将课堂上学到的知识应用于现实问题，从而加深对知识的理解和掌握。其次，实践教学能够培养学生的创新能力和团队合作能力，通过实际操作和项目合作，学生能够在实践中提高解决问题的能力。最后，实践教学也有助于激发学生的学习兴趣和主动性，通过实践活动，学生能够更加积极地参与学习过程，提升学习效果。

一、实践教学的基本概念

（一）实践教学的定义

实践教学是指通过实际操作、实验、实习等形式，将理论知识与实际应用相结合的一种教学方法。其核心在于通过实践活动，将课堂上学到的理论知识应用到实际情境，从而加深对知识的理解和掌握。

在传统的教育模式中，教学多以理论讲授为主，学生通过课堂学习获得知识。然而，理论知识往往需要通过实践来验证和应用。实践教学的引入，旨在弥补这种理论与实践之间的差距，通过让学生参与实际操作，帮助他们将理论知识转化为实际能力。这种结合不仅增强了学生对理论的理解，还提升了他们的实践能力和解决实际问题的能力。

（二）实践教学的形式和方法

1. 实验

通过设计和进行实验，学生能够在实践中验证理论知识的正确性，掌握实验技能，并培养科学思维和问题解决能力。例如，在化学实验中，学生通过动手操作化学反应理解化学原理；在物理实验中，学生通过测量和计算验证物理定律。实验教学不仅能巩固学生的理论知识，还能提升他们的动手能力和创新思维。

2. 实习

实习是在实际工作环境中进行的实践活动，通常涉及真实的工作任务和问题。通过实习，学生能够了解职业要求，积累工作经验，并将学到的知识应用于实际工作中。例如，工程实习让学生参与工程项目的设计和施工，医学实习让学生在医院中接触临床病例，学习诊断和治疗技能。实习不仅能提升学生的专业能力，还能帮助他们更好地适应职场环境。

3. 项目实践

项目实践以项目为单位进行，通常要求学生在团队中合作完成特定的项目任务。这种形式可以培养学生的团队合作能力、项目管理能力和创新能力。例如，设计项目要求学生从概念设计到最终产品的开发，社会调研项目让学生通过实地调查和数据分析提出研究报告。项目实践通过真实的项目任务，让学生学会团队协作，提升综合素质。

4. 案例分析

通过分析实际案例，学生能够理解理论知识在现实中的应用，并培养分析问题和解决问题的能力。例如，在商业案例分析中，学生通过分析企业的经营策略和市场环境，提出解决方案；在法律案例分析中，学生通过研究具体法律案件，理解法律原则和应用。案例分析让学生在模拟情境中运用理论知识，提高解决实际问题的能力。

5. 模拟训练

通过模拟实际情境进行的练习，学生可以在模拟环境中练习和应用技能，增强实际操作的能力。例如，模拟驾驶让学生在虚拟驾驶环境中练习驾驶技术，模拟演练让学生在模拟的紧急情况下进行应急操作。模拟训练提供了一个安全的练习环境，使学生能够反复练习和改进技能，提升实际操作能力。

通过这些多样化的实践教学形式和方法，学生不仅能巩固和深化理论知识，还能提升实践能力和综合素质。这些实践活动不仅有助于学生在校期间的学习成长，也为他们未来的职业发展奠定了坚实的基础。

二、实践教学的目标

（一）学生能力的培养

1. 操作能力

实践活动给学生提供了掌握具体操作技能和技术的机会。例如，在实验操作中，学生能够学会使用实验仪器，进行数据记录和分析，从而掌握实验操作技能。在项目管理中，学生能够学会制订项目计划、分配任务、跟踪进度和评估结果，从而提升项目管理技能。这些操作能力是学生未来职业生涯中不可或缺的基本技能。

2. 问题解决能力

在实践过程中，学生需要面对真实的问题和挑战，通过分析和解决这些问题，提升解决实际问题的能力。实践教学通过设定实际情境，让学生运用所学知识进行问题分析，制订解决方案并付诸实施。例如，在工程项目中，学生可能需要解决设计缺陷或施工问题；在商业案例中，学生可能需要制订市场营销策略或解决财务问题。这些经历帮助学生培养分析问题、解决问题的系统思维和实际操作能力。

3. 创新能力

实践教学鼓励学生在解决实际问题时进行创新尝试，从而培养他们的创新思维和能力。在实践活动中，学生有机会探索新的方法和技术，提出创新的解决方案。例如，在科技创新项目中，学生可以进行新产品的研发和测试；在艺术创作中，学生可以尝试新的艺术表现形式和材料。通过这些创新尝试，学生能够培养开放的思维方式和创新能力，增强在专业领域中的竞争力。

4. 沟通与合作能力

在团队合作的实践活动中，学生需要与他人有效沟通和协作，从而提高其团队合作和沟通能力。实践教学通常要求学生在团队中完成任务，这就需要他们分工协作、互相支持。例如，在项目团队中，学生需要进行任务分配、协调工作进度、解决团队冲突，并共同完成项目目标。这些经历帮助学生培养团队合作精神、领导能力和人际沟通技巧，为他们未来的职业发展奠定良好基础。

通过这些实践教学活动，学生不仅能够加深对理论知识的理解，还能将所学知识转化为实际能力。这些能力的培养，不仅有助于学生在学术和专业领域中的发展，还能提升他们的综合素质，使他们在未来的职业生涯中具备更强的竞争力和适应能力。实践教学通过多样化的实践活动，全面提升学生的操作能力、问题解决能力、创新能力及沟通与合作能力，为他们的全面发展和未来成功奠定坚实的基础。

（二）知识的应用和深化

实践教学不仅在理论与实践之间架起了一座桥梁，还通过多种形式和方法提升他们的实际操作能力，并实现知识的应用和深化。这些目标的实现，不仅有助于学生的全面发展，也为他们的未来职业生涯奠定了坚实的基础。

1. 理论知识的应用

实践教学提供了一个将理论知识应用于实际情境的机会，使学生能够看到理论与实际之间的联系，从而加深对理论的理解和记忆。例如，在工程课程中，学生通过设计和实施实际项目，理解力学原理在建筑结构中的应用；在商业课程中，学生通过模拟经营企业，了解经济学理论在市场运作中的作用。这种实际应用的过程，使学生不仅能够记住理论知识，还能够灵活运用这些知识解决实际问题。

2. 知识的深化

通过实践活动，学生能够接触到更加复杂和真实的问题，促使他们在实践中不断思考和学习，从而深化对知识的理解和掌握。例如，在医学实习中，学生不仅需要掌握基本的医学知识，还需要应对各种复杂的临床情况，培养临床判断能力和应急处理能力。在这些实践过程中，学生不断巩固和深化所学知识，使其更加系统化和深入。

3. 经验的积累

实践教学帮助学生积累实际经验，这些经验不仅对学术研究有帮助，也对未来的职业发展提供了宝贵的参考和支持。例如，学生在实习期间积累的工作经验，可以让他们更好地理解行业规范和职业要求，提升就业竞争力。此外，丰富的实践经验还能够激发学生的创新思维和实践能力，为他们在未来的职业生涯中应对各种挑战做好准备。

综上所述，实践教学不仅在理论与实践之间架起了一座桥梁，还通过多种形式和方法提升他们的实际操作能力，并实现知识的应用和深化。通过将理论知识与实际问题相结合，学生能够更好地理解和掌握所学知识，积累宝贵的实践经验，提升解决实际问题的能力和创新能力。这些目标的实现，不仅有助于学生的全面发展，也为他们的未来职业生涯奠定了坚实的基础，确保他们在学术研究和职业发展中能够取得成功。

三、课程思政与实践教学的融合

高校课程思政，即将思想政治教育融入各类课程教学中，是一种创新性的教育模式，旨在实现思想政治教育与专业教育的有机结合。实践教学则是通过实际操作和活动，让学生将理论知识应用于现实情境中，从而培养学生的实际技能和综合素质。将课程思政与实践教学相融合，不仅能够提升思想政治教育的效果，还能促进学生的全面发展和专业能力的提升。

（一）课程思政与实践教学融合的必要性

1．提升教育效果

将思想政治教育与专业课程相结合，能够使思想政治教育内容更加贴近学生的专业学习，增强教育的实效性和针对性。例如，在工程课程中，通过对工程伦理和社会责任的讨论，可以让学生在学习专业知识的同时，增强对社会责任的认识，提高思想政治觉悟。这种结合不仅能让学生在技术层面上更深入地理解工程原理，还能引导他们思考技术应用的社会影响和道德责任，从而培养既有专业能力又有社会责任感的全面人才。

2．促进思想认同

通过实践教学，学生能够在实际操作和真实情境中感受和理解思想政治理论，从而加深对这些理论的认同和接受。实践教学中的互动与应用，使得思政教育不再是抽象的理论，而是具体的、可操作的内容。例如，通过模拟法庭的形式，法律专业的学生能够在模拟案件中体会到法律正义与社会公平的深刻内涵；在医学生的临床实习中，通过真实病例的诊治，学生不仅掌握了医学技能，还理解了医学伦理的重要性。这些实践活动让学生在真实情境中体验和内化思想政治理论，增强对理论的认同感和接受度。

3．支持个性化发展

学生主体教育理论强调个性化学习，这与课程思政的理念高度契合。通过为学生提供自主学习和个性化支持，可以更好地满足不同学生的学习需求，促进他们在思政教育中的全面发展和成长。例如，在项目实践中，学生可以选择自己感兴趣的课题进行深入研究，不仅能增强学习的自主性和积极性，还能促进个性化发展。学生可以在自己感兴趣的领域中，通过独立研究、团队合作、实践调研等多种方式，深入探讨相关的思想政治问题，提升自身的学术能力和思想水平。这种个性化的学习路径，不仅有助于学生深刻理解思想政治教育的内容，还能让他们在实践中发现和解决实际问题，培养创新能力和独立思考能力。

综上所述，将课程思政与实践教学相融合，能够显著提升教育效果，促进学生对思想政治理论的认同和接受，支持他们的个性化发展。这种融合不仅有助于学生在专业学习中内化思想政治教育的核心理念，还能培养他们成为具有社会责任感、创新能力和综合素质的高素质人才。通过这样的教育模式，高校可以更好地实现培养德才兼备的社会主义建设者和接班人的目标。

（二）课程思政与实践教学融合的实施策略

1. 设计思政导向的实践项目

在课程设计中，教师可以将思想政治教育的目标和内容融入实践项目中，使学生在实际操作中体会和理解思政教育的核心理念。例如，在经济学课程中，设计一个关于社会公平与正义的研究项目，学生可以通过调研和分析探讨经济政策对不同社会群体的影响，提出公平与正义的解决方案。再如，在环境科学课程中，设计一个关于环保措施的实地调研项目，让学生调查当地的环保现状，分析存在的问题，并提出改进措施。通过这些实践项目，学生不仅能够应用专业知识解决实际问题，还能在实践中增强社会责任感和使命感，体会到思想政治教育的重要意义。

2. 采用多样化的教学方法

为了更好地实现课程思政与实践教学的融合，教师应采用多样化的教学方法，激发学生的学习兴趣和主动性。例如，项目学习通过实际项目的设计和实施，让学生在动手操作中理解和应用理论知识；讨论式教学通过课堂讨论，让学生在交流中深化对思想政治内容的理解；案例分析通过真实案例的剖析，让学生在具体情境中讨论和解决伦理问题。具体而言，通过案例分析，学生可以分析企业在社会责任方面的表现，讨论其对社会的影响；通过小组讨论，学生可以就某一时事热点展开辩论，深刻理解社会责任和职业道德的重要性。这些教学方法不仅能够激发学生的学习兴趣，还能促进他们对思政内容的深入理解和应用。

3. 加强师生互动和反馈

在教学过程中，教师应加强与学生的互动，及时了解学生的学习情况和思想动态，以便更好地调整教学内容和方法。通过定期的反馈和反思，教师可以根据学生的需求和反馈，不断改进课程设计和教学策略。例如，教师可以通过课堂讨论、问卷调查、个别访谈等方式，收集学生对思政教育内容的意见和建议，并据此进行调整和改进。此外，教师还可以利用现代信息技术手段，如在线学习平台和社交媒体，与学生进行互动和交流，及时解答学生的疑问，为学生提供指导和支持，从而提高课程思政的效果。

4. 构建实践教学平台

高校应积极构建实践教学平台，为学生提供丰富的实践机会和资源。例如，建立校企合作基地，邀请企业专家为学生讲授实践课程，并组织学生到企业实习，了解行业动态和企业文化；建立社会服务平台，组织学生参与社区服务和志愿者活动，培养社会责任感和公共服务意识。通过这些实践平台，学生可以在真实的工作环境中进行实习和社会实践，不仅能够增强专业能力，还能在实践中体验和理解思政教育的内涵。此外，高校还可以与政府和非营利组织合作，开展各类社会调研和公益项目，为学生提供更多的实践机会，拓宽其视野，增强其社会责任感和使命感。

第三章

高校英语课程思政体系建设的必要性

　　高校英语课程思政根本目的在于通过高校英语课程思政有效传递主流意识形态，将国家发展的理念、中国的传统文化及其现代价值观念融入英语教学的各个环节中。通过建立一个系统的课程思政体系，不仅可以增强学生的国家认同感和文化自信，还可以提高他们对外交流和国际合作的能力。这种教学模式的实施，有助于学生形成正确的世界观、人生观和价值观，确保他们在全球化背景下能够更好地理解和传播中国的立场和文化。

第一节

高校英语课程思政实施现状分析

　　高校英语教学作为通识教育的重要组成部分，一直以来都肩负着培养学生英语语言能力、跨文化交际能力和全球视野的重任。然而，在实际教学过程中，英语教学面临着一系列挑战。例如，传统教学模式过于重视语言知识的传授，忽视了对学生思想政治素养的培养；教材内容相对单一，缺乏对中国文化和社会主义核心价值观的介绍；教学方法较为单一，学生参与度和学习积极性不高。因此，将课程思政有机融入高校英语教学中，既是解决现有问题的有效途径，也是提升英语教学质量的重要举措。

英语课程由于其国际化和跨文化的特点，为课程思政提供了独特的优势。通过英语教学，学生不仅可以学习语言知识，还能接触不同文化的价值观和社会现象。这为融入思政教育提供了丰富的素材和场景，使学生在语言学习的同时，能够思考和理解中西方文化的异同，培养全球视野和文化包容心。因此，课程思政与英语教学的结合，不仅能够提高学生的语言能力，还能增强其思想政治素养和综合素质。

一、教材与课程设计

（一）当前英语教材中思政内容的覆盖情况

在当前的高校英语教材中，思政内容的覆盖情况存在较大差异。一些教材已经开始将思政元素融入其中，通过选取包含中国文化和价值观的阅读材料、进行案例分析等方式，让学生在学习英语的同时，了解并认同社会主义核心价值观。例如，某些教材中会专门设置有关中国传统节日、历史名人和现代成就的章节，通过这些内容，引导学生在学习语言的过程中树立文化自信和爱国情怀。此外，还有一些教材通过介绍中国的经济发展、科技创新和社会变革等内容，使学生在学习英语的同时，增强对国家发展的认同感。

然而，整体而言，大部分教材仍然侧重于对英美文化的介绍，对中国文化和社会主义核心价值观的覆盖较少。许多教材在选材上更多地偏向于英美文学、历史、社会现象等，忽视了对中国文化的深入介绍和分析。这种情况导致学生在学习过程中接触到的思政内容有限，难以充分认识和理解中国文化的独特性和重要性。同时，过于侧重西方文化的内容选择，也容易使学生对西方价值观产生片面的理解和认同，忽视了对本国文化和价值观的认同与尊重。

例如，在阅读材料的选择上，许多教材更倾向于选取英美经典文学作品、新闻报道和对社会现象的分析，而很少涉及中国当代文学、科技进步和社会发展的内容。这不仅使学生在学习英语的过程中对中国文化的接触和理解不足，也难以通过英语学习提升其对社会主义核心价值观的认同感和理解力。

此外，在教学案例和练习设计上，许多教材仍然以英美国家的社会现象和文化事件为主，缺乏对中国社会热点问题和文化现象的探讨。这种设计方式虽然能够帮助学生了解和熟悉西方文化，但在培养其文化自信和国家认同方面效果显然不足。

总的来说，尽管一些高校英语教材已经开始尝试将思政内容融入其中，但整体覆盖情况仍有待改进。通过进一步优化教材内容，增加对中国文化和社会主义核心价值观的介绍，才能真正实现课程思政的预期效果，帮助学生在学习语言的同时树立正确的价值观和增强文化自信。

（二）思政内容在课程设计中的体现

在课程设计方面，部分高校已经尝试将思政教育融入英语课程，以提升学生的思想政治素养和文化自信。例如，在课程目标中明确提出培养学生的爱国情怀、社会责任感和文化自信，确保学生在学习英语语言技能的同时也能受到思想政治教育的熏陶。这些目标不仅强调了对语言能力的培养，更突出了学生综合素质的提升，为英语课程赋予了更深层次的教育意义。

1. 课程目标的设定

在课程目标的设定中，许多高校明确提出了思政教育的具体目标。例如，通过学习英语，学生不仅要提高听、说、读、写的语言能力，还要增强对社会主义核心价值观的理解和认同，培养社会责任感和爱国主义精神。这些目标引导教师在教学过程中注重思想政治教育与语言教学的有机结合，从而实现全面育人的目标。

2. 教学内容的安排

在教学内容的安排上，部分高校增加了大量的中国传统文化和社会主义核心价值观相关内容。例如，在阅读材料的选择上，教师会选取反映中国历史、文化、经济和社会发展的文章，让学生在学习语言的同时了解和认同中华文化的独特性和重要性。具体来说，教师可以选择介绍中国传统节日、历史名人、文化遗产、科技创新等方面的内容，通过这些材料，增强学生对中华文化的认同感和自豪感。

3. 教学活动的设计

在教学活动的设计中，教师通过各种形式的活动将思政内容融入英语教学。例如，组织学生讨论中国社会热点问题，如环保、扶贫、科技创新等，帮助学生在用英语表达观点的同时，深入思考这些问题的社会意义和价值。此外，教师还可以设计中西方文化差异的比较分析活动，让学生通过对比中西方的文化、价值观和社会制度，了解各自的优点和不足，从而树立全面、客观的文化观念。

尽管在课程设计方面，部分高校已经采取了多种措施将思政教育融入英语课程，但总体上，课程设计中思政内容的体现还需进一步加强和系统化。例如，在教材选择、教学内容安排、教学活动设计等方面，如何更加科学、系统地融入思政内容，如何在不同教学环节中实现思政教育与语言教学的有机结合，这些都需要进一步的探索和实践。只有通过不断优化课程设计，提升思政教育的效果，才能真正实现课程思政的目标，培养具有国际视野和家国情怀的新时代人才。

二、教学方法与手段

（一）主题讨论与辩论

教师通过设计与思政相关的讨论主题，引导学生在英语表达中思考和讨论社会问题。这些主题包括社会公平、环保责任、文化自信等。例如，在讨论社会公平时，教师可以引入一些现实案例，如教育资源分配不均、贫富差距等，让学生用英语表达自己的观点，讨论如何在社会中实现公平和正义。通过这样的讨论，学生不仅提高了英语表达能力，还培养了批判性思维和社会责任感。

（二）案例分析

选取包含思政元素的案例或文章，让学生通过分析和讨论理解其中的思想政治内涵。例如，可以选取一些关于中国脱贫攻坚的报道、环保项目的成功案例等，组织学生进行阅读和分析。在分析过程中，学生需要用英语总结案例内容，讨论其社会意义和影响。这种教学方法不仅增强了学生的阅读理解能力，还帮助他们深刻理解社会主义核心价值观的具体体现，培养他们的社会责任感和国家认同感。

（三）项目学习

通过跨学科项目学习，让学生在英语学习的过程中研究并展示与中国文化、社会主义核心价值观相关的主题。例如，教师可以设计一个"了解中国传统文化"的项目，让学生分组研究不同的文化主题，如中国茶文化、京剧、传统节日等。学生需要通过查阅资料、采访专家、制作展示等方式，完成项目并用英语进行展示和汇报。这个过程中，学生不仅提高了英语口语和写作能力，还深入了解了中国文化的博大精深，增强了文化自信。

（四）情景模拟

教师可以通过情景模拟的方式将思政教育融入英语课堂。例如，在模拟国际会议或文化交流活动时，设置一些涉及中西方文化差异、社会责任等话题，让学生在模拟情境中用英语讨论和解决问题。这种教学方法不仅提高了学生的口语表达能力，还增强了他们的跨文化交际能力和对不同文化的理解与尊重。

（五）影视资料

利用影视资料也是一种有效的思政教育手段。教师可以选择一些反映中国社会发展和成就的纪录片、电影等，让学生观看后进行讨论和分析。例如，观看关于中国科技创新的纪录片后，学生可以讨论中国科技发展的成就和挑战，从而增强对国家发展的自豪感和使命感。通过影视资料，学生可以更直观地了解中国的社会现状和发展成就，增强文化自信。

（六）多媒体教学

通过多媒体教学手段，教师可以将思政教育内容生动地展示在课堂上。例如，利用PPT展示中国历史文化的图片、视频，播放相关的音频材料，让学生在视觉和听觉的多重刺激下更加直观地感受和理解思政教育的内容。多媒体教学不仅丰富了课堂形式，还增强了学生的学习兴趣和参与度。

（七）合作学习

在合作学习中，教师可以设计一些小组活动，让学生共同完成与思政教育相关的任务。例如，可以组织学生分组研究中国的社会热点问题，如环境保护、贫困问题等，并通过小组讨论、资料搜集、展示汇报等形式完成任务。通过合作学习，学生可以在相互交流和合作中深入理解和思考思政教育的内容，增强团队合作精神和社会责任感。

通过多样化的教学方法和手段，教师可以在英语课堂中有效地实施思政教育。这不仅有助于提升学生的语言能力，还能培养他们的思想政治素养和综合素质。通过主题讨论与辩论、案例分析、项目学习、情景模拟、影视资料、多媒体教学和合作学习等方式，学生可以在英语学习的过程中深刻理解和认同社会主义核心价值观，增强文化自信和社会责任感，成为具有全球视野和家国情怀的新时代人才。

三、教师素质与培训

（一）教师对课程思政的理解与重视程度

教师对课程思政的理解与重视程度直接影响其在英语教学中的实施效果。当前，大部分高校教师已经认识到课程思政的重要性，并积极探索将其融入教学的方式。然而，由于缺乏系统的培训和指导，部分教师对课程思政的理解较为表面，难以深刻把握其内涵和目标，导致实际教学中思政内容的融入不够深入和全面。

首先，许多教师虽然意识到课程思政的重要性，但在实际教学中往往停留在表层的知识传递，未能将思政内容与英语教学有机结合。例如，在讲授英语文学作品时，教师可能会简单提及作品中涉及的道德伦理问题，但缺乏深入的引导和讨论，未能充分挖掘其中的思政教育价值。这样，学生虽然在语言知识上有所收获，但在思想政治素养的提升方面却没有得到应有的教育。

其次，由于缺乏系统的课程思政培训，部分教师在设计和实施思政教育时存在困惑，不知道如何有效地将思政内容融入英语教学中。他们可能会担心思政内容的加入会影响语言教学的效果，或不知道如何找到合适的思政教育切入点。这种情况下，教师往往会选择一些表面的、形式化的思政教育方式，无法实现课程思政的深层次目标。

最后，还有一些教师对课程思政的重视程度不够，认为思想政治教育主要是思政课的任务，与专业课关系不大。因此，他们在教学过程中，对思政内容的融入采取应付态度，缺乏积极主动性。这种态度不仅影响了课程思政的实际效果，也导致学生对思政教育的重要性认识不足。

（二）相关培训与教师素质提升情况

1. 教师思想政治教育能力现状

在高校英语课程思政实践中，虽然多数教师已认识到其重要性并了解其在提升学生综合素质中的作用，但仍有部分教师在如何有效结合思政教育与英语教学方面感到困惑，缺乏清晰的方法和策略。在教学内容和方法上，尽管有教师能将国家政策、历史文化及社会责任等元素融入教学中，增强学生的国家意识和文化自豪感，但思政元素的融合通常较浅，缺少系统性和深入探讨。此外，尽管多数高校为英语教师提供了思政教育培训，但培训的质量和频率不均，且教师普遍反映缺少持续的专业发展支持，尤其是在创新教学方法和资源方面，这些都限制了思政教育的深入实施。

2. 提高教师实施课程思政的能力

（1）思政理论培训

高校组织教师参加思政理论学习班，深入理解社会主义核心价值观和课程思政的教育理念。通过系统的理论学习，教师能够更好地把握课程思政的核心内涵和教育目标。例如，学习班可以邀请思政教育专家讲解社会主义核心价值观的具体内容及其在教学中的实际应用，帮助教师在理论上夯实基础。这种培训不仅提升了教师的理论素养，还为他们在实际教学中融入思政内容提供了坚实的理论支撑。

（2）教学能力提升

为了增强教师将思政内容融入英语教学的实际操作能力，高校通过教学工作坊、示范课观摩等方式提供实际教学操作的指导。例如，在教学工作坊中，教师可以分享各自的教学经验，讨论如何在不同的教学环节中融入思政内容；示范课观摩，让教师直观地看到优秀教师如何将思政教育与英语教学有机结合。这些活动不仅提供了具体的操作方法，还为教师提供了一个交流和学习的平台，有助于提升他们的教学能力。

（3）跨文化素养培训

高校还组织跨文化素养培训，帮助教师提升跨文化理解和比较能力。在英语教学中，中西方文化对比是一个重要的教学内容，通过培训，教师能够更好地引导学生理解和尊重不同文化的优点和不足，树立文化自信。例如，培训内容可以包括中西方文化差异的具体案例分析、跨文化交际中的常见问题及解决策略等。通过这些培训，教师在教学中能够更加自如地进行中西方文化对比，引导学生从中汲取智慧，增强文化认同感和自豪感。

尽管高校已经开展了多种形式的培训活动，但由于培训覆盖面和深度不足，教师在课程思政方面的专业素养和实施能力仍有待进一步提高。具体来说，当前的培训活动往往集中在少数教师身上，缺乏系统性和普遍性，使得部分教师在课程思政的理解和实践中仍然存在困惑和不足。

第二节
高校英语课程思政存在的主要问题及成因

从以上的论述可以看到，高校英语课程思政存在一些明显的问题，主要原因在于英语课程并没有实现各个元素的协同转变。要解决这些问题，必须从多个方面入手，进行系统性改革和优化。

一、高校英语课程思政存在的主要问题

（一）教材内容单一

1. 英美文化内容偏多，缺乏中国文化和思政内容

目前，许多高校使用的英语教材偏重于介绍英美文化，教材中充斥着英美历史、文

学、政治制度等方面的内容，而对于中国文化和社会主义核心价值观的介绍则明显不足。这种文化内容的单一性，导致学生在学习英语的过程中难以接触到丰富多样的中国文化素材，对中国文化的了解和认同度不高。例如，教材中常见的文学作品多为莎士比亚、海明威等英美作家的作品，极少涉及中国文学名著；政治制度的介绍也多集中在英美的民主制度，对中国的政治体制和发展成就缺乏详细描述。这种不平衡的内容设置，使得学生在学习过程中往往会对西方文化产生倾向性认同，而忽视了自身文化的价值和重要性。

2. 思政元素的覆盖面不足，内容缺乏系统性

尽管部分教材中开始加入思政教育的元素，但整体上仍存在覆盖面不足、内容零散的问题。思政内容往往是点状分布，缺乏系统性和连贯性，学生难以形成完整的思想政治认知体系。例如，有些教材在某些章节中偶尔提到社会主义核心价值观，但没有系统阐述其内涵和具体表现形式；有些教材在个别阅读材料中涉及中国传统文化，但没有进一步拓展和深入分析。这种零散的思政内容设计，使得学生无法全面、系统地了解和理解中国的核心价值观和文化传统，导致思政教育的效果大打折扣，无法达到课程思政的预期目标。

（二）教师思政教育能力不足

1. 教师对课程思政的理解不深入

在当前高校英语教学中，尽管教师在语言教学领域具有较高的专业水平，但在课程思政方面的理解往往较为浅显。许多教师对于课程思政的深层次意义和具体目标认识不足，这导致他们在整合思政教育与英语教学内容时面临困难。例如，教师可能只是机械地将一些政治口号或者模糊的道德教条添加到课堂讲解中，而未能有效地利用英语材料中的文化和历史背景来深入讨论这些主题的现实意义和应用。

2. 教师在思政教育方面的专业素养和能力不足

由于缺乏系统的思政教育培训和实践指导，教师在实施思政教育时常感到无从下手，难以有效整合思政内容与英语教学的专业要求。这种短板不限于对思政内容的理解，也

体现在教学方法和策略的运用上。例如，一些教师可能知道需要讨论社会主义核心价值观，但如何在英语教学中恰当地引入这些内容，让学生通过英语学习活动理解并接受这些价值观，则是他们常常遇到的挑战。此外，教师可能缺乏将思政教育自然融入课堂讨论、项目作业和学生评估中的技巧，导致思政教育往往成为课堂上的"附加品"，而非有机部分。

（三）教学方法单一

1. 思政教育与语言教学的结合不紧密

在高校英语课堂中，思政教育与语言教学往往存在分离的现象，导致两者间缺乏必要的互动和融合。例如，当教师专注于语法、词汇等语言基础教学时，思政内容往往以讲座或讨论的形式孤立地呈现，未能与语言教学内容形成有机的整合。这种分离的教学模式使得学生很难将思政教育内容自然地融入英语学习和使用场景中，降低了思政教育的实际影响力和教育效果。

2. 缺乏多样化的教学方法和技术手段

当前的英语教学依然大量依赖传统的教学方法，如直接讲解和机械练习，这在一定程度上限制了教学的活力和效果。特别是在思政教育方面，单一的教学手法难以覆盖学生的多样化学习需求，也不利于培养学生的批判性思维和问题解决能力。此外，尽管现代教育技术提供了丰富的教学资源和工具，如在线协作平台、虚拟现实（VR）和互动模拟等，但这些新技术在思政教育中的应用仍不普遍。这种技术与教学内容的脱节，未能充分利用现代技术手段提高教学的互动性和吸引力，从而影响了思政教育内容的传递效率和学生的学习体验。

综上所述，为了改善思政教育与语言教学的结合，并丰富教学手段，高校需要对现有教学模式进行创新和调整。这包括设计更多与语言使用和文化理解紧密相关的思政教学活动，以及广泛应用现代教育技术，以增强教学的互动性和学生的参与度。这样的教学改革不仅能提升学生的语言能力，也能深化他们对社会主义核心价值观的理解和认同。

（四）学生参与度低

1. 学生对思政内容兴趣不高

在高校英语课堂中，思政内容的引入往往未能吸引学生的兴趣。这部分原因是思政教育内容与学生的日常生活和兴趣点连接不足，感觉过于抽象和远离实际。例如，对社会主义核心价值观的讨论如果仅停留在理论层面，未结合学生的实际经验和关切，学生可能会觉得这些内容与个人发展无关，从而缺乏学习动力。此外，如果思政教育缺乏创新和吸引力，未能采用生动的案例或与当前热点事件相结合，学生自然难以产生兴趣，从而影响他们的学习态度和效果。

2. 学生在课堂讨论和活动中的积极性不足

另一个导致学生参与度低的因素是课堂讨论和活动的设计问题。当前的课堂活动往往缺乏创意和挑战性，不足以激发学生的思考和参与。例如，如果教师主要采用传统的讲授法，而忽视互动式教学，如角色扮演、团队辩论或模拟社会实践等形式，学生可能会觉得课堂单调、无聊，不愿意积极参与。此外，缺乏对学生个体差异和兴趣的考虑，也可能导致一部分学生在课堂上表现出消极的学习态度，不愿意在讨论和活动中投入精力。

通过对高校英语课程思政主要问题的分析可以看出，教材内容的单一性、教师思政教育能力的不足、教学方法的单一及学生参与度的低下，是制约课程思政效果的重要因素。要解决这些问题，需要在教材编写、教师培训、教学方法改革及学生激励等方面进行系统性改进和提升。

二、高校英语课程思政问题成因

（一）教材编写的局限

在高校英语教材的编写过程中，普遍存在对思政内容重视不足的现象。这主要体现在教材中对思政元素的覆盖极为有限，编写者在选择教学文本和内容时常常偏向于传统的英美文化素材，如英美文学作品、历史事件和社会制度等，而忽略了中国文化的丰富性和社会主义核心价值观的重要性。这种倾向不仅限制了学生视野的拓展，也减弱了教材作为思政教育工具的有效性。

此外，教材编写者对中国传统文化及其与社会主义核心价值观的结合理解不够深入，导致教材中的思政内容呈现出碎片化，缺乏系统性。这种现象不利于学生形成连贯、系统的思政认知体系。由于这种教材结构和内容的局限性，学生在使用这些教材时难以从中获得如何将中国文化与现代社会主义价值观结合的深刻见解，也难以在日常学习和生活中实践这些价值观。

因此，教材编写的这种局限性不仅影响了学生对社会主义核心价值观的理解和接受，也限制了他们对中国文化的认同和自豪感的形成，这对于实现高校英语课程的思政教育目标是一大阻碍。

（二）教师培训的不足

高校虽然对教师进行了一定程度的思政教育培训，这些培训通常集中在传授基本的思政知识和理论，但在实际操作和技能传授方面显得力不从心。这种培训的覆盖面和深度不足，导致教师在思政教育的具体实施上缺乏足够支持和指导。特别是在如何将思政内容与英语教学有效结合的技能上，教师普遍感到困惑和无力，这直接影响了思政教育的实施效果和质量。

许多教师在接受完培训后，仍然面临如何在语言教学中自然而有效地融入思政元素的挑战。缺乏具体实践指导和案例分析，使得教师难以在英语课堂上找到适当的切入点和方法，无法将抽象的思政教育内容转化为学生感兴趣的教学活动。此外，由于培训往往偏重理论而忽视实践应用，教师在将思政教育与语言教学结合的过程中容易形式化，难以激发学生的兴趣和参与度，从而使得课程思政的实际效果大打折扣。

这种状况表明，当前的教师培训系统需要进一步优化和强化，尤其是在提升教师实践能力和创新教学方法方面，应当给予更多的关注和资源投入。通过增加案例研究、模拟教学和互动讨论等实践环节，可以有效提高教师将思政教育内容自然融入英语教学的能力，从而提升整体的教学质量和效果。

（三）教学资源的匮乏

在高校英语课程思政的实施中，教学资源的匮乏成为一个显著问题。许多高校尚未建立起完善和丰富的思政教学资源库，导致教师在准备课程时缺乏必要的支持。特别是高质量的教学案例和综合教学材料极为稀缺，这不仅影响了教学的深度和广度，也限制了教学方法的多样性和创新性。

缺乏系统化的思政教学资源导致教师往往必须自行开发教学内容和活动，这不仅增加了教师的工作负担，也可能因资源质量不一而影响教学效果。在资源有限的情况下，教师往往依赖传统的讲授方法，难以采用更为动态和互动的教学方式，如角色扮演、小组讨论等，这些方法被证实能更好地促进学生的思政教育认知的提高。

此外，学校在课程思政的资源投入上往往不足，缺乏对教学资源开发和更新的持续投资。这种状况不仅限制了课程内容的时效性和相关性，也影响了教育质量的提升和教育目标的实现。因此，为了有效提高课程思政的教学质量和学生的学习效果，学校需要加大在教学资源上的投入，开发和引入更多高质量、多样化的教学资源，支持教师和学生达成教学与学习的最佳效果。

（四）学生认知的偏差

在高校英语课程的思政教育中，学生认知的偏差构成了一个显著的障碍。许多学生在中学阶段未能建立坚实的思政教育基础，这使他们在进入高等教育后难以理解思政教育的深远意义。常见的现象是，学生将思政教育视为非专业相关的边缘内容，认为这些内容与未来的职业生涯和个人发展无关，因此对其不予重视，甚至持有抵触态度。

这种认知偏差不仅降低了学生对思政课程的参与度，还影响了他们从课程中获取知识和价值观的能力。缺乏对思政教育重要性的认识，学生往往在课堂上消极应对，不积极参与讨论和活动，导致思政教育的实施效果大打折扣。

此外，这种偏差还可能导致学生对社会主义核心价值观和国家发展大局的理解不足，无法形成全面的世界观、人生观和价值观。在这种情况下，高校英语课程思政的实施面临着较大的挑战，急需通过改进教学方法、增强课程相关性和提高教育互动性来调整学生的认知偏差，从而提升思政教育的效果。

第三节
高校英语教学中实施课程思政的意义

课程思政这种教育方式不仅有助于学生形成全面的知识结构和思维方式，而且有助于培养学生的社会责任感、历史使命感和国家意识。高校作为高层次人才的培养基地，承担着传承文化、引导思想、塑造未来领导者的责任。教师通过课程思政，可以有效地将思想政治教育与专业学习相结合，使学生在掌握专业技能的同时也能深入理解和接受社会主义核心价值观，为成长为符合社会发展需求的复合型人才打下坚实的基础。

一、培养社会责任和国家意识

（一）强化国家认同

在高校英语课程思政的实施中，强化国家认同尤为关键。教师通过将思政教育融入英语教学，可以促进学生对国家历史、文化及社会主义核心价值观的了解和尊重。这不只是对中国传统历史的赞誉，也包括对现代中国政治体制和发展模式的认可。教师可以利用英语教材中的相关内容，如关于中国改革开放的英文文章、关于中国科技创新和国际合作的讨论材料，来引导学生理解和讨论中国在全球舞台上的角色和贡献。

此外，通过课堂活动如模拟联合国会议，教师可以让学生扮演中国代表，讨论和阐述中国在全球问题如气候变化、经济发展等方面的立场和政策。这样的活动不仅能够提高学生的英语口语表达能力，还能加深他们对中国国家形象和国际地位的认识。

通过这些教学策略，学生能够在学习英语的过程中增强对中国发展道路的理解和认同，从而在国家认同感上有更深的体会和更坚定的支持。这种教学方式有效地将语言技能的提升与思想政治教育的目标结合起来，为学生塑造全面发展的人格和坚定的国家认同感提供支持。

（二）提升社会责任感

课程思政在提升学生社会责任感方面扮演着至关重要的角色。通过英语教学，教师可以将全球性和社会性问题融入课程，如气候变化、经济不平等、人权保护等，这些都是当今世界面临的挑战。例如，教师可以组织学生参与到关于联合国可持续发展目标的讨论中，分析和评价不同国家和地区在实现这些目标方面所做的努力和面临的挑战。

此外，通过课程思政，教师可以鼓励学生参与社区服务和志愿活动，如地方环保项目、社区教育支持等，以实际行动承担社会责任。这种参与不仅能帮助学生将课堂所学应用于现实生活中，还能深化他们对社会责任的理解和承担。

通过这些活动，学生可以学习如何在全球化的环境中发挥积极作用，同时也强化了他们作为中国公民的社会责任。教师可以借助英语课程讨论国际新闻事件，引导学生从多角度分析事件背后的社会、经济和政治影响，培养他们的全球视野和批判性思维。

最终，这样的课程思政教育旨在培养学生的社会责任感，使他们能够理解并积极响应全球和国内的社会问题，成为能够为社会做出贡献的责任感强烈的公民。这种教育方式不仅能提高学生的语言能力，也能增强他们作为未来领导者的社会责任和道德观念。

二、促进思想道德建设和人格发展

（一）深化思想道德教育

在高校英语课程的思政教育中，深化思想道德教育是基础。通过结合英语学习内容，教师可以有效地讲授社会主义核心价值观，使学生在学习语言的同时，接受正面的思想道德熏陶。例如，通过讨论英语国家的历史人物、文学作品及重大社会事件，教师可以引导学生学习和理解包容、正义、诚信等核心价值观，同时教育学生识别和批判那些促进个人主义、物质主义和其他不良价值观的行为。这种教育方式有助于学生形成正确的价值判断和行为模式。

此外，思想道德教育还包括对道德哲学的探讨，如分析英美和中国经典哲学思想中的伦理道德观念。通过比较分析，学生可以更深刻地理解不同文化背景下的道德观念是如何形成的，以及这些观念如何影响当代社会。通过引入这些内容，教师不仅能够增强学生的语言表达和批判性思维能力，还能够培养学生在全球文化多样性的背景下对不同文化价值观的尊重和理解。

这种教育方式使学生在学习英语的过程中不断反思自我和社会行为，强化其作为未来社会成员的责任感和道德觉悟。这样的思想道德教育不限于课本知识，还涵盖了实际生活中的应用，如通过社会实践活动让学生亲身体验和实践这些核心价值观，从而实现知行合一，为形成健全的人格打下坚实基础。

（二）促进全面人格发展

高校英语课程思政的另一个重要目标是促进学生的全面人格发展。首先，通过批判性阅读和讨论英语文本中的复杂问题和不同观点，教师可以有效地培养学生的批判性思维能力。这不仅能提升他们的语言分析能力，也能锻炼他们的逻辑思考和独立判断能力。其次，通过介绍中华文化的瑰宝及其在全球文化中的地位，加强学生的文化自信。再次，课程思政还应关注学生的心理健康，教师可以通过开展情景模拟、团队合作等活动，帮助学生建立积极的人际关系，增强社交技能，从而在促进学术成就的同时，强化学生的社会适应能力和整体幸福感。最后，教师可以通过定期组织学生参与志愿者活动、社会服务项目等，让学生在实际行动中体验和实践社会主义核心价值观。这种参与式教学方法不仅有助于学生理解和感受到帮助他人和社会责任的重要性，还能够促进其道德感和公民意识的发展。通过这些综合教育活动，学生能够在多方面得到成长，不仅仅是学术上的提升，更包括道德、心理和社交层面的全面发展。

总之，通过这样的教学策略，高校英语课程思政不仅能够促进学生的语言能力提升，更能够在更深层次上推动学生的个人成长和发展，为他们未来在多元化社会中的生活和工作打下坚实的基础。这种全面的教育模式符合当代高等教育培养创新和全面发展人才的目标。

三、提高语言教学的文化敏感性和多元性

（一）增强对文化多样性的理解

提高语言教学的文化敏感性，首先要求教师引导学生尊重和理解来自不同文化背景的多样性。在高校英语课堂上，教师可以有效地利用国际多样化的教学资源，如引入不同国家的文化案例，包括其日常生活方式、工作习惯、节日庆典等，以此帮助学生认识并欣赏各种文化的独特性。这种教学方法不仅丰富了学生的知识视野，也加深了他们对全球多样性的认识。

此外，通过组织国际交流项目，如模拟联合国会议、国际视频会议或学生交换项目，教师可以进一步增强学生的全球视野。这些活动让学生有机会直接与拥有不同文化背景的人交流和合作，实际体验跨文化沟通的挑战与魅力。这种实践经验不仅能够提高学生的英语语言技能，更重要的是帮助他们建立全球化的思维方式，学习如何在多元文化的环境中展现敏感性和适应性。

通过这些策略，英语教育不仅教授语言技能，还把学生培养成为具有全球视野和文化敏感性的国际化人才，这对他们未来的学术和职业生涯均具有重要意义。这种教学方法确保学生能够在尊重和理解全球多样性的基础上，在国际舞台上有效地表达自己的观点和文化。

（二）融合多元文化视角

为了增强英语教学的文化多样性和全球视角，教师应着力融合来自中国及其他非西方国家的文化元素。这一过程可以通过纳入中国的历史、哲学、艺术、科技创新及现代成就等多方面内容实现。例如，教材中可以包括介绍四大发明、传统节日、中国文学作品及其英译本等，使学生在学习英语的同时，增进对中国丰富文化遗产的了解和自豪感。

同时，为了培养学生的全球文化适应能力，教师可以采用文化比较的教学策略。通过系统地对比中国与西方国家在节日庆祝方式、家庭结构、教育系统等方面的不同，教师不仅能帮助学生认识到每种文化的独特性，还可以探讨这些差异背后的文化、历史与

社会因素。这种教学方式能够激发学生的批判性思维，促使他们不仅学会观察文化差异，更重要的是学会从多元文化的角度理解和尊重这些差异。

通过将中国和其他文化的元素融入教学内容，并采用文化比较的方法，教师可以有效地帮助学生构建一个更为均衡和客观的全球文化视野。这不仅增强了学生对自身文化的自信和自豪感，同时也为他们将来在多元文化的全球环境中生活和工作打下坚实的基础。

第四章
高校英语课程思政教学模式的构建与实践

高校英语课程思政教学本质上是要求在高校英语课程中融入思想政治教育元素。构建符合新时代教育需求的教学模式已经成为英语课程思政开展的必然要求。这就需要对现有的教学内容、教学方法及师生互动方式进行创新与改革，确保教学活动既能提升学生的英语应用能力，又能加深他们对中国文化和社会主义核心价值观的理解与认同。实践部分则集中于这些教学模式的具体应用，包括案例分析、收集与评估教学反馈，以及持续优化教学方法。

第一节
高校英语课程思政教学模式的改革

在当前的教育领域，创新已成为推动学术和技能发展的关键动力。尤其是在高等教育层面，教学模式的创新不仅是响应时代变迁的需求，还是实现教育目标和提升教育效果的必要途径。教学模式创新涉及对传统教学方法、技术和策略的重新思考和革新，以更有效地满足当代学生的多样化需求和适应快速变化的社会与技术环境。

教学模式创新的意义则体现在多个方面：首先，它能够增强学生的学习动机和参与度，通过提供更加个性化和互动性的学习经验，使学生能够更主动地掌握知识和技能。其次，创新教学模式有助于提升教学效率和质量，通过使用最新的教育技术和方法，教师可以更精确地满足学生的学习需求。最后，随着全球化和技术的发展，教育界需要不断调整和更新教学策略以保持竞争力，教学模式的创新正是响应这一需求的关键。

一、改革教学模式是高校英语课程思政教育目标变革的要求

基于以上的讨论，高校英语课程思政教育已经成为当前英语教育发展的一个重要目标。推动教育目标走向落实，必然伴随着教学模式的变革。与其他学科不同，英语学科的课程思政直接面临两种截然不同文化观念的碰撞和融合。对于世界观正在形成的大学生来说，这不亚于一次文化风暴。因此，要变革教学模式，使不同类型的文化观念在大学生的头脑中形成以马克思主义为主导的符合社会发展要求的观念。

（一）文化观念融合要求构建以学生为中心的教学模式

在当前全球化和多元文化交融的背景下，高校英语课程教学面临着文化观念融合的重要任务。这不仅要求教师理解文化观念的形成是一个复杂的过程，而且由于受到历史、经济、社会等多种因素的影响，要构建一个以学生为中心的教学模式，以更好地应对这些挑战。

1. 文化观念的形成受到多种因素的影响，关键在自身

文化观念的形成是一个动态且复杂的过程，受到多种内外因素的影响。在高校英语教学中，学生的文化观念形成不仅受到他们个人生活经历的影响，还深受教育体系内外的文化力量的塑造。家庭背景、社交环境、媒体信息等都在无形中影响着学生的文化观和世界观。

首先，家庭作为文化传递的第一站，对个人的价值观和行为模式有着初始且深远的

影响。家庭中的文化传统、父母的价值观念及对待外界文化的态度，都会在潜移默化中影响到学生。例如，一个重视传统文化的家庭可能会培养出孩子对本国传统的热爱和尊重。

其次，教育体系和教材内容在形成学生文化观念方面发挥着至关重要的作用。高校英语课程中所使用的教材往往强调西方文化的内容，这可能使得学生在无意中形成对西方文化的偏好，同时忽视了对本土文化的学习和理解。因此，教师在课堂上的角色不仅是语言知识的传授者，更是文化教育的引导者。他们需要通过教学策略的调整，如引入本国文化相关的教学内容，增强学生对本国文化的了解和认同。

最后，社会环境也是影响文化观念形成的一个重要因素。学生在校园外的社交活动、媒体消费习惯及公众话语都可能影响其文化认同。例如，如果社会媒体上普遍推崇西方生活方式，学生可能会在不自觉中接受这一观念，从而影响其文化价值的判断。

因此，教师在教学中需要采取以学生为中心的教学模式，尊重每位学生的个体经历和文化背景，鼓励他们表达和探索自己的文化观念。通过这种教学方式，学生可以在一个开放和包容的学习环境中形成一个坚实且全面的文化观念体系，为其未来在多元文化的世界中发展奠定基础。

2. 引导学生主动构建以马克思主义为核心的主流意识观念

引导学生主动构建以马克思主义为核心的主流意识形态观念是高校英语课程思政教育的核心内容之一。为实现这一目标，教师必须在英语教学中自觉融入社会主义核心价值观，并创造适宜的教学场景，让学生能够通过批判性思维深入理解和评估来自不同文化的多样观念。

例如，教师可以设计课堂活动，引入来自不同文化背景的社会问题，如全球贫困、性别平等、环境保护等，通过这些问题的讨论，展示马克思主义分析社会矛盾的方法论。这种教学方式可以帮助学生从一个更广阔的视角理解问题，认识到马克思主义在解决这些问题中的实际应用，如何通过阶级分析、历史唯物主义等理论工具提出具体的解决方案。

此外，通过对比不同文化解决相同社会问题的方式，教师可以引导学生批判性地分析西方文化中常见的资本主义解决机制，如慈善与非政府组织的角色，将其与社会主义制度下的国家干预和集体行动进行比较。这不仅能增进学生对国际社会问题的理解，还能深化他们对中国社会主义道路的认同感和自信心。

通过这些教学策略，学生能够在实际的语言使用和文化探索中理解马克思主义的当代价值和普遍适用性。这样的学习经历将有助于学生在全球化的文化交流中以坚定的理论武装和批判性思维，增强自身的竞争力和适应能力。这种教育模式不仅提升了学生的语言能力，更为他们构建了坚实的思想政治基础，使他们能够在全球范围内自信地表达和维护中国的立场和价值观。

综上所述，构建以学生为中心、能够有效融合和传递社会主义核心价值观的教学模式，对于当前高校英语课程而言，是提升教学质量和教育成效的必要途径。这种教学模式不仅有助于学生构建健全的文化观念，还能激发他们的学习兴趣，培养他们成为具有国际视野的社会主义建设者和接班人。

（二）立德树人是课程思政视域下英语学习的核心目标

在课程思政视域下，高校英语教学的核心目标是立德树人。这与之前三维目标的英语教学有所不同。目标的变革必然带动学习模式的变革。传统的英语教学多集中在语言知识的传授与技能训练上，而在思政教育的引导下，教学内容与方法都需要相应地调整，以实现教育的全面性和深度。

首先，课程内容的整合是必不可少的。英语教学不再仅仅关注语言本身的掌握，而是需要通过语言学习深入探讨中国的传统文化、革命历史和现代发展。例如，教师可以选用反映中国社会主义建设成就的文本作为阅读材料，或者利用英语讲解中国的国家政策和文化特色，使学生在学习语言的同时增强国家认同感和文化自信。

其次，教学方法也应更加多样化，强调互动性和实践性。可以采用项目式学习、小组讨论、角色扮演等多种教学手段，鼓励学生主动探索和表达自己的观点。通过这种方式，学生不仅能够提高英语实际运用能力，还能在讨论中加深对社会主义核心价值观的理解和接受。

最后，评估方式也应随之改革。除了传统的语言能力测试，还应设计评估学生如何将思政内容融入英语使用中的方法。例如，可以通过评估学生在英语演讲、辩论或写作中如何表达对社会主义核心价值观的理解和认同，来检测他们的思想政治素质和语言应用能力。

这种改革不仅能够更好地适应新时代教育的需求，还能有效地促进学生全面发展，为培养具有国际视野的社会主义建设者和接班人打下坚实的基础。

二、改革教学模式是适应当前大文科教学环境变化的要求

（一）响应文科综合化趋势

响应文科综合化的趋势，高校英语教育需要不断创新教学内容和方法，以适应当代学生的学习需求和全球化的教育目标。通过跨学科的教学项目，英语课程可以成为学生理解世界多样性的窗口，同时强化其语言技能和批判性思考能力。例如，结合文学、历史、哲学等学科的跨学科项目，可以使英语教学不再局限于语言技能的传授，而是成为探索人类思想和文化发展的平台。

此外，教师可以利用现代技术，如在线协作工具和虚拟现实（VR）技术，来模拟跨文化交流的环境，提供更真实的语言使用场景。这些技术的应用可以使学生在互动和沉浸式的学习环境中更深入地理解不同文化的历史和社会背景。通过这样的教学活动，学生不仅能够提升自己的英语能力，还能在全球化的背景下发展成为具有高度文化敏感性和社会责任感的公民。

综合而言，将英语课程与文科综合化趋势相结合，不仅能够丰富教学内容，增强学生的学习动力和参与度，还能帮助他们建立全球视角，更好地理解和尊重不同文化的价值。这样的教学改革是实现高等教育现代化和国际化的关键步骤，对于培养新时代的学生具有重要的意义和价值。

（二）适应技术与教育工具应用的需求

随着教育技术的快速发展，各种现代教育工具和平台已成为高校英语课程思政教学中不可或缺的一部分。在线学习平台和多媒体资源的应用不仅使课堂更加生动有趣，而且极大地提高了学生的学习效率和参与度。例如，教师可以利用视频讲解、互动模拟游

戏和在线讨论板，将复杂的思政教育内容转化为易于理解和吸引学生的形式，这样学生可以在轻松愉快的环境中加深理解和讨论相关主题。

此外，利用这些技术工具，教师能够将思政教育内容融入英语教学的各个方面。通过在线视频课程，可以展示中国的历史文化、科技进步及其在全球化进程中的积极作用，这不仅增加了课程内容的丰富性，也帮助学生从多角度理解和认识中国的国家形象和文化价值。通过这种方式，学生的文化自信和国家认同感得到了增强，同时也能更好地将所学知识应用于实际的国际交流和合作中。

总之，将现代技术与教育工具应用于高校英语课程思政教学中，不仅能提升教学质量和学生学习体验，还能有效地传递社会主义核心价值观，培养具有全球视野和本土认同感的复合型人才。这种教学模式的改革和创新是适应当前教育发展趋势的必然选择。

（三）采用灵活多样的教学方法

为了进一步提高英语课程的吸引力和教学效果，采用灵活多样的教学方法至关重要。项目式学习是一种高度参与的学习方法，它鼓励学生在真实或模拟的情境中主动探索和解决问题。这种方式不仅提高了学生的语言实用能力，还锻炼了他们的团队协作和创新思维能力。例如，学生可以团队合作完成一个关于环保问题的项目，研究不同国家的环保政策，并用英语展示他们的解决方案。

翻转课堂作为另一种现代教学方法，改变了传统课堂教学的师生角色和活动流程。通过这种模式，学生在课前自主学习新知识，如观看教师预先录制的讲解视频或阅读相关材料，然后在课堂上讨论问题、进行案例分析或进行小组合作。这样的课堂布局更加高效，可以让学生在教师的引导下深入探讨复杂的主题，如文化冲突的解决或国际关系的分析，从而更好地理解材料内容并提升批判性思维能力。

此外，通过组织模拟国际会议和文化节等实践活动，学生不仅可以在真实的语言环境中使用英语，还能在全球文化的背景下实际应用他们的语言技能。这些活动不仅增强了学生的实际应用能力，还极大地扩展了他们的国际视野，使他们能够更好地理解和尊重全球文化的多样性。例如，在模拟联合国会议中，学生可以扮演不同国家的代表，就全球性问题进行辩论和讨论，这种活动能有效地提高他们的外语交际能力和国际事务的理解力。

三、改革教学模式是推进新时代综合性人才培养的需要

（一）全面培养学生的能力

在这个过程中，高校英语课程的教学模式改革还可以通过引入跨文化内容和全球视角，进一步增强学生的国际理解与沟通能力。这种全球化的教学视角让学生在学习英语的同时，能够了解和比较不同文化中的思维模式和行为习惯，从而培养他们的跨文化敏感性和适应能力。例如，教师可以设置一些活动，如角色扮演或模拟国际谈判，使学生在实际的语言应用中体验和理解多元文化背景下的交流和互动。

此外，通过整合社会、政治、经济等元素到英语课程中，学生可以更全面地理解语言背后的社会文化背景，增强他们运用英语进行复杂思维和表达的能力。这种教学方法不仅仅是语言技能的训练，更是一种思维方式和视角的培养，帮助学生形成批判性和创新性思考的习惯。

通过这些多样化的教学策略，高校英语课程不仅教授语言知识，还通过深化教育内容和方法，培养学生成为具有国际视野、创新精神和社会责任感的复合型人才。这种教育模式的改革符合新时代教育的方向，也满足了社会对高素质人才的广泛需求。

（二）促进学生个性化和多样化发展

为了进一步丰富学生的学习体验，英语课程也可以融入跨学科的元素，如科技、艺术和商业等领域。这种跨学科的融合能够开阔学生的思维，激发他们对新知识的探索兴趣。例如，学生可以通过参与科技英语写作课程，学习如何撰写科技论文或报道科技新发现。这样的课程设置不仅增强了学生的专业英语能力，还培养了他们将英语应用于专业领域的能力。

同时，英语课程可以引入在线课程和数字学习资源，提供更多自主学习的机会。这种在线和自主学习的模式可以让学生根据自己的学习节奏和时间安排进行学习，更好地

适应各种学习环境和需求。例如，学生可以通过访问在线国际新闻平台实时跟踪全球事件，并用英语进行讨论和分析，这样不仅提高了英语阅读和听力技能，还增强了他们对国际事务的了解和分析能力。

通过这些多元化和个性化的教学策略，英语课程不仅能帮助学生提高语言技能，还能够促进他们在个人兴趣和专业领域中的成长，使他们成为更加全面发展的个体。这种教学模式的改革有助于激发学生的学习热情，提高他们的创新能力和自我驱动力，为未来的职业生涯和个人发展奠定坚实的基础。

（三）强化社会实践和服务学习

通过这类社会实践和服务学习的活动，学生不仅能够应用他们的语言技能来解决实际问题，而且能够增进对社会问题的理解和参与度。这些活动通常还包括与不同背景和专业的人合作，从而增强学生的团队合作能力和跨文化交流能力。例如，学生可以与环保非政府组织合作，参与到国际环保会议的准备和实施中，不仅能实践英语交流技能，还能深入了解全球环保策略和政策。

此外，英语课程可以通过组织国际志愿者活动，如海外教学或国际援助项目，进一步扩展学生的视野和影响力。这些活动不仅让学生有机会在国际环境中使用英语，还可以让他们直接参与到解决全球问题中，如教育不平等、卫生问题等。通过这些经历，学生能够更加深刻地理解不同文化的需求和面临的挑战，同时也能加深对自己文化价值和国际责任感的认识。

这样的课程改革不仅仅是教授语言技能，更是在培养未来的全球公民，这些公民不仅语言能力出众，还具备了解和解决复杂国际问题的能力。通过将社会实践和服务学习整合到英语教学中，高校可以有效地提高学生的综合素质，使他们在未来能以更全面、更负责任的方式参与到全球社会中。

综上所述，通过改革教学模式来培养全面发展的综合性人才，不仅符合当前高等教育的趋势，也是高校英语课程实现其教育目标的必要途径。

第二节　高校英语课程教材中思政元素的
挖掘和中国主流意识形态的融入

通过将思政元素融入英语教材，不仅可以强化学生对中国主流价值观的认同，还可以增强他们对国家文化和社会责任的理解。这种教材设计旨在培养具有国际视野和爱国情怀的复合型人才，符合新时代教育的需求。同时，这也是对传统英语教学模式的一种创新和突破，有助于构建符合国家发展战略的人才培养体系。

思政元素在高校英语教材中的融入，不仅仅是在内容上增加政治教育的篇章，更重要的是通过语言教学过程来影响和塑造学生的思维方式和价值观。这一过程有助于学生建立正确的世界观、人生观和价值观，进而促进其全面发展。例如，学生在学习语言时，通过讨论中国的发展战略、历史文化传统及社会主义核心价值观，可以加深对国家和社会的理解和认识。

一、教材分析方法

（一）内容分析法

内容分析法是一种系统地描述文本内容的客观和定量的研究方法，广泛应用于教材分析中，特别是在评估教材中的思政元素时尤为重要。这种方法允许研究者从教材中提取出具体的信息，如主题、价值观及与特定意识形态相关的表达方式，从而进行系统的分类和计量。通过这种技术，可以定量地衡量教材中的文化和政治信息，为进一步的教育决策和教材设计提供依据。

在运用内容分析法进行教材分析时，首先需要确定研究的具体框架和分类标准。这通常涉及对教材中的思政教育核心内容进行深入的理解和界定，如爱国主义、法治精神、社会主义核心价值观等。明确这些内容后，研究者将根据这些预设的类别，详细审阅教材内容，系统地标记相关主题和表达。这包括识别和记录文本中直接或间接表达这些价值观和思想的词汇、句子和段落。

随后，研究者使用统计工具来量化这些内容的出现频率及它们在文本中的上下文关系。这种定量分析有助于揭示教材中哪些思政主题被强调，哪些被忽视，以及这些主题如何与教材的整体教学目标和策略相结合。例如，可以计算某一核心价值观在教材中出现的次数，分析其在不同章节中的分布情况，甚至评估这些表达方式的多样性和深度。

内容分析法的优势在于其系统性和可重复性，这使得研究结果具有较高的可靠性和普遍适用性。通过客观的数据支持，研究者能够提供明确的证据来支撑或反驳教材中思政元素的有效性和适宜性的假设。此外，这种方法还能够揭示教材中潜在的偏见或疏漏，为未来的教材修订和课程设计提供科学的指导。通过这种细致和系统的分析，教育者和政策制定者能够更好地理解和优化教材内容，确保其更全面地服务于教育目标和社会需求。

（二）批判性思维和文化研究视角

批判性思维和文化研究视角为教材分析提供了一种更为深入和主观的方法，此方法特别强调对教材中的文化假设、价值观及它们在形塑或反映社会结构和权力关系中的作用的分析。这种分析方式不满足于表面的内容解读，而是更深入地探讨了教材内容背后隐藏的意识形态和社会文化背景。通过这种批判性的视角，研究者能够识别和挑战那些可能被视为自然或不可改变的社会和文化构建。

在具体的操作过程中，批判性思维和文化研究方法涉及对教材中的语言使用、图像、案例等元素的深度解读。研究者需要探索这些元素如何塑造学生对特定社会现象的理解和态度，及其如何服务于或挑战现有的社会和文化规范。这包括分析教材中对不同文化（包括中国和其他文化）的描述方式，审视这些描述是否促进了文化的多样性和包容性，或者是否通过特定的表述方式加强了某种文化或政治立场的偏见。

例如，通过批判性分析教材中关于历史事件的叙述，研究者可以揭示这些叙述是如何通过特定的语言选择和叙事框架来强化或质疑官方历史的。同样，对于涉及性别和种族的讨论，这种视角可以帮助识别教材中存在的刻板印象和偏见，评估这些内容如何影响学生对社会平等和正义的看法。

此外，批判性思维和文化研究方法也关注教材中的权力动态，如教材如何表现不同社会群体的权力和影响力，以及这些表现可能如何影响学生对自身社会身份和他人的认知。通过这些深入的分析，研究者不仅能够提供对教材的深层批评，还能够建议如何修改教材，以更加公正和全面地反映多元文化视角和批判性思维。

通过批判性思维和文化研究视角，教材分析能够超越传统的内容审核，转而成为一种促进教育公平和文化敏感性的工具，这对于培养具有全球视野和社会责任感的现代学生至关重要。

总结来说，教材分析的方法论通过内容分析法提供了一个清晰的、基于数据的分析框架，而批判性思维和文化研究视角则允许研究者深入探讨教材内容的深层文化和社会意义。这两种方法相辅相成，为研究高校英语教材中的思政元素提供了全面而深刻的分析工具。

二、现有英语教材分析

（一）教材内容概述

在高校英语教育中，教材的选择对于达成教学目标至关重要。本书精选了几种广泛使用的高校英语教材，包括《新视野大学英语》和《大学英语综合教程》，作为主要的分析对象。这些教材的设计考虑了学生在不同学习阶段的需求，覆盖从基础级别到进阶再到专业英语的广泛内容，旨在系统地提升学生的语言技能，同时引入了丰富的文化和价值观内容，以促进学生的全面发展。

《新视野大学英语》和《大学英语综合教程》等教材均由经验丰富的教育专家和语言学者编写，确保了教学内容的科学性和实用性。这些教材不仅包括传统的语法、词汇、阅读、写作、听力和口语训练，还特别强调批判性思维、解决问题的技巧及团队合作能力的培养。此外，教材中还融入了多元文化的比较，如中西文化差异的讨论，不仅增加了学习的趣味性，也帮助学生在理解自己文化的同时，增进对全球文化多样性的尊重和理解。

每本教材都按照从基础到高级的结构安排，逐步引导学生深入学习。在基础级别，重点放在建立坚实的语言基础上，如基本语法规则、常用词汇及简单的日常交流场景。当基础牢固后，学生进入更高级的阶段，这时教材中引入更复杂的语言结构和高级语言技能的训练，如论述文写作、复杂的听力对话及对专业演讲技巧的培养。在进阶阶段，教材还包括更多关于国际事务、全球经济、环境保护等国际关注的热点话题，使学生能够在掌握语言的同时，拓宽国际视野，提升全球公民意识。

此外，专业英语教材是针对那些准备进入特定职业领域的学生设计，如商务英语教材会包含商业写作、谈判技巧和公司报告等内容；科技英语教材则涵盖科技论文的写作方法和专业术语的应用，这些都是为了使学生在未来的职场中能够更加专业和自信地使用英语。

通过这样全方位的教材设置，学生不仅能够获得必要的语言技能，还能够通过教材中介绍的文化和价值观内容形成更为开阔和包容的世界观，为此后在全球化世界中的学习、工作和生活打下坚实的基础。

（二）思政元素现状

笔者在对现有教材的分析中特别关注了其中的思政元素。这些元素主要包括对社会主义核心价值观的引入、对中国发展道路的阐述及对中国文化遗产的赞美等内容。这些思政元素的融入既有直接的表述，如专门的阅读材料和话题讨论，也有间接的方式，如文化比较和案例研究，引导学生自行发现和思考。

例如，《新视野大学英语》中通过讨论中国的传统节日、历史人物和现代发展来增强学生的国家认同感。通过这种方式，学生不仅能够了解中国丰富多彩的文化背景和传统，还能从中学习到关于责任、尊重和勤劳等核心价值观。这种教学方法通过将思政内容自然融入语言学习过程中，有效地提升了学生对这些价值的内在认同。

此外，教材也试图通过展示中国在国际事务中的角色和贡献来塑造学生的国际视野和责任感。例如，通过介绍中国在全球环境保护、国际贸易和世界和平中的努力和成就，教材不仅传达了中国作为一个负责任大国的形象，还激发了学生对国际合作和全球责任的思考。这种教学内容的设置不仅帮助学生建立正确的国际观，还促进了他们对国际事务的深入理解和兴趣。

通过这些直接和间接的教学方法，教材成功地将思政教育与语言学习紧密结合，既加深了学生对中国文化和社会价值的理解，也促进了他们批判性和创造性思维能力的发展。这种综合性的教学策略不仅增强了教材的教育效果，也为学生将来在多元化的国际环境中竞争和合作提供了坚实的基础。

关于思政元素的呈现方式，这些教材多采用案例分析、对比研究和小组讨论等教学方法。这些方法不仅有助于学生理解和吸收思政内容，还能激发他们的批判性思维，使学生在掌握英语技能的同时，能够加深对社会和文化问题的理解。案例分析通常涉及具体的社会实践或历史事件，通过具体案例让学生探讨和分析社会主义核心价值观在实际中的应用。例如，教材可能包含关于中国扶贫工作的案例，让学生通过学习这些内容了解国家政策背后的社会责任和集体主义精神。此外，这些案例也常常带有较强的情境感，使学生在讨论和分析的过程中能更加深入地体验和理解那些抽象的价值观如何在具体情境中发挥作用。对比研究则通常用于揭示不同文化之间的相似性和差异性，如将中国的社会主义核心价值观与西方的资本主义价值观进行比较。通过这种对比，学生不仅能够更全面地理解自身文化的特点和优势，也能批判性地审视和思考不同文化体系中可能存在的问题和挑战。这种教学方法特别适合于发展学生的全球视野，帮助他们在全球化的背景下形成平衡和多元的世界观。小组讨论则是增强互动和协作学习的有效方式。在讨论中，学生需要围绕教材中的思政主题，如公平正义、历史使命感等，发表自己的观点和见解。这不仅促进了学生之间的思想交流，还锻炼了他们的语言表达和论证能力。通过这种形式，教师可以引导学生深入探讨和反思这些主题在当代社会的实际意义，以及如何将这些价值观应用到自己的生活和将来的职业发展中。通过这样的教学设计，学生在提高英语能力的同时，能够更全面、更深入地理解和应用社会主义核心价值观，为成为具有国际视野的社会主义建设者打下坚实的基础。

总的来说，现有高校英语教材在融入思政元素方面已有一定基础，但其分布、深度和教学效果仍有待进一步的研究和优化。通过这种全面的分析，本研究旨在为未来教材的改进提供理论和实践上的支持。

三、思政元素挖掘与强化策略

（一）思政元素的挖掘方法

1. 文本分析与内容挖掘技术

文本分析是一种有效的工具，用于从现有教材中系统地识别和提取思政相关内容。利用先进的内容挖掘技术，如自然语言处理和文本挖掘软件，教育者可以详细分析教材中的语言使用模式、关键词汇及潜在的价值观表达。这种方法使得教育者不仅能够捕捉到明显的思政元素，还能洞察到更微妙的语言层面上的价值传递。

例如，通过词频分析，教育者可以量化某些关键词汇在文本中出现的频率，这些词汇可能直接关联到社会主义核心价值观，如"和谐"、"创新"或"诚信"。这样的分析不仅显示这些词汇的显著性，还能揭示出教材作者可能在无意中强调或忽视的概念。

此外，主题建模技术可以揭示文本中的潜在主题，通过算法分析大量文本数据，自动归纳出频繁出现的主题和话题。这使得教育者能够识别教材中围绕特定思政主题构建的教学内容，如民族精神、改革开放的历史意义等，从而有助于教材内容的进一步优化和教学计划的制订。

利用这些技术，教育者不仅可以评估教材中思政内容的广度和深度，还能根据发现的数据调整教学策略，确保思政教育目标的有效传达。例如，如果发现某些核心价值观未被充分展示，可以设计特定的课程活动或讨论，以补充和强化这些内容。

通过这样的文本分析和内容挖掘，教材的使用者能够更加精准地理解和扩展教材中的思政教育内容，使其更符合教学目标，同时增强学生对这些核心价值观的理解和内化。这种方法的应用不仅提高了教育内容的相关性和时效性，也增强了教育的针对性和效果。

2. 基于语境的思政价值提取

除了传统的文本分析，基于语境的思政价值提取方法强调在特定语境下理解和解释文本内容。这种方法侧重于探索文本中的情境和背景，如文化、历史和社会环境等，以更准确地揭示和强化教材中的思政元素。通过分析教材中的对话、案例研究和故事情节，教育者可以揭示和讨论这些语境如何支持或展示中国的主流意识形态，从而更深层次地融入思政教育。

例如，教材中可能包含有关中国改革开放历史事件的章节。这些内容通常包括详细的背景介绍、关键人物的决策过程及事件的社会影响。基于语境的分析方法不仅关注事件的表面描述，而且深入探讨这些历史事件如何体现社会主义核心价值观，如创新和开放的精神。通过将这些历史事件放在更广泛的社会和经济背景下分析，学生可以更全面地理解这些价值观在中国现代化进程中的应用和重要性。

此外，通过研究教材中的人物对话和互动，基于语境的思政价值提取可以揭示人物行为背后的价值观和道德决策。例如，教材中的对话可能展示了人物在面对道德困境时如何应用社会主义核心价值观来指导其行为。这种分析帮助学生理解在复杂的社会环境中如何实践这些价值观，从而增强他们将理论知识转化为实际行动的能力。

教材中的案例研究也是基于语境提取思政价值的重要资源。通过具体的社会、经济或文化案例，学生可以看到理论如何在实际情境中得到应用。这些案例不仅提供了实践的视角，而且还促使学生进行批判性思考，评估不同决策的长远影响及其与社会主义核心价值观的一致性。

通过这种基于语境的分析，教材中的思政教育内容不再是孤立和静态的知识点，而是变成了一个动态的、与学生日常生活和未来职业紧密相关的实践过程。这样的教学方法不仅加深了学生对思政教育内容的理解，也激发了他们将学到的知识应用到现实世界中的积极性和创造性。

（二）教材改编与优化

1. 教材内容的重构建议

教材内容的重构应当更自然和有机地将思政教育融入英语学习中。这一过程不仅是对教材内容的简单调整，而且是对教学资源的全面优化和创新，以确保教材既能传授必要的语言技能，也能有效地传达中国的核心价值观和文化理念。

首先，教材的重构可以考虑将更多关于中国现代社会的实际案例加入教学内容中。例如，中国在科技、环保和社会发展等领域的成功案例，通过这些内容展示中国如何在全球舞台上发挥其影响力，并实现可持续发展目标。这些案例不仅有助于学生理解中国的现代化进程，也能够提供丰富的讨论材料，让学生在学习语言的同时增强对中国社会主义现代化建设的认识。

其次，教材应包含对中国历史事件背景的深入讨论和解析。通过历史事件的学习，学生可以更好地理解中国历史的连续性和复杂性，以及这些历史事件如何塑造了当今中国的社会和政治面貌。例如，可以通过讲述改革开放的历史背景，分析这一重大政策决策如何推动了中国的经济发展和社会变革。这种对历史的探讨不仅丰富了教材的内容，也为学生提供了批判性思考的机会。

再次，为了使教材更具吸引力，可以引入更多与中国文化及其全球影响相关的阅读材料。这些材料可以是关于中国传统艺术、文学、哲学的介绍，或是展示中国文化如何影响世界其他地区的案例。例如，可以通过介绍中国传统节日、风俗习惯及它们如何被其他文化接受和庆祝的情况，来展示中国文化的全球影响力。

最后，重构过程中应充分考虑学生的接受度和兴趣。这意味着教材的内容应当是互动的、引人入胜的，而且能够激发学生的好奇心和探索欲。可以通过增加多媒体元素、互动式学习任务和项目式学习活动来实现这一点，使学生在互动和合作中更深入地理解和应用所学的语言技能和文化知识。

通过这些全面的重构建议，教材不仅能更有效地传达教学内容，还能激发学生的学习热情，使他们在学习英语的同时，深入了解并欣赏中国的文化和价值观。这种教育方式不仅能够提升学生的语言能力，还能帮助他们形成全面、平衡的世界观。

2. 在实际教学中思政元素的融入方式

在实际教学中，思政元素的有效融入是通过采用多种互动和参与式教学方法实现的，旨在增强学生的参与感和学习效果。这些方法不仅加深了学生对课程内容的理解，而且通过实践活动帮助学生发展批判性思维和语言能力。

互动讨论是一种有效的教学方法，可以促进学生对思政主题的深入理解。通过组织针对中国现代社会问题的讨论，如讨论中国的环保政策、科技创新或社会公平问题，教师可以引导学生探讨这些问题的多个方面，并鼓励他们表达自己的观点和想法。这种讨论不仅给学生提供了语言实践的机会，还有助于学生理解这些社会政策背后的思政价值。

角色扮演是另一种提高学生参与度的教学方法。例如，在学习关于中国历史事件的单元时，学生可以扮演不同的历史人物，通过模拟历史对话或决策过程来深入了解那个时代的思政背景和价值取向。这种方法使学生能够从第一人称的视角体验历史事件，增加了学习的情感深度，同时也锻炼了他们的语言表达和即兴反应能力。

辩论是加强理解和批判性思维的重要方式。通过组织有关中国政策或国际立场的辩论，学生可以在准备和辩论过程中深入研究材料，这不仅促使他们使用英语进行复杂的逻辑构建和表达，也帮助他们理解不同视角之间的对立和争议，以及这些问题的深层次社会意义。

基于项目的学习方法可以使学生在探索中国的国际战略或文化遗产项目中发挥主动性和创造性。通过设计具体的研究项目，如分析中国的"一带一路"倡议对全球经济的影响，学生不仅需要深入查找资料、整合信息，还要以报告或演示的形式展示结果。这种学习方式强调了实践和协作的重要性，使学生在完成学术任务的同时，也能够实际应用和反思学到的思政元素。

通过以上多样化的教学方法，实际教学中的思政元素融入不仅仅是知识传授的过程，更是一个促进学生全面发展的机会。这些方法帮助学生在提升英语能力的同时，深化了对中国文化和社会价值的理解和认同，为培养具有全球视野的责任感公民打下了坚实的基础。

四、主流意识形态的融入

（一）融入策略的设计与实施

1. 开发具体的融入策略

在高校英语课程中融入主流意识形态的策略需要精心设计，以确保教学内容不仅教育意义深远，同时也具有吸引力。一方面，教材内容的选择应紧密结合社会主义核心价值观，确保每个学习单元都能反映这些价值观的一个或多个方面。例如，可以通过引入关于中国改革开放的单元，让学生探讨这一政策如何影响中国的国际地位及经济发展。

另一方面，教学方法的选择同样关键。传统的讲授方式可以结合更多互动性和参与性的学习活动，如小组讨论和案例分析，这不仅可以提高学生的语言实践机会，也能让他们更深入地理解和讨论社会主义价值在现实生活中的应用。通过这种方式，教材内容和教学方法共同工作，有效传达主流意识形态，同时提高英语语言能力。

2. 重点事件和主题的选择

选择与主流意识形态密切相关的重点事件和主题对于教材的成功融入至关重要。在历史领域，可以挑选那些标志性的事件，如抗日战争、长征等，来展示民族精神和爱国主义。在文化方面，可以介绍中国的传统节日和艺术形式，如春节和京剧，用来讨论文化自信和文化传承的重要性。经济和政治领域的主题则可以包括中国的经济改革、"一带一路"倡议等，这些都是展示中国如何在全球化中扮演重要角色的绝佳例子。通过这些具体的事件和主题，学生不仅能学习英语，还能深入了解中国在不同领域的发展和成就。

3. 增强教学互动和学生参与度

现代教育技术和多媒体工具的运用是提高教学效果的重要手段。例如，使用视频材料和在线互动平台可以让学生在视觉和听觉上得到更丰富的学习体验。视频内容可以包括历史纪录片、访谈、新闻报道等，这些都可以帮助学生更直观地理解课程内容。

在线平台和学习管理系统可以用来发布讨论题、组织在线辩论和进行虚拟角色扮演等活动。这些互动性工具不仅使学生能够跨越地理限制共同学习，还可以在实时反馈和同伴评价中提升他们的学习动力和参与度。通过这种方式，学生可以在互动和合作的过程中深入探讨社会主义核心价值观，增强对中国主流意识形态的认同和理解。

（二）教材改编与内容创新

1. 反映主流意识形态

为了确保高校英语教材能有效地融入中国的主流意识形态，教材的改编和内容创新是必不可少的。通过融入具体的案例研究和实例分析，教材不仅能教授英语技能，还能深化学生对社会主义核心价值观的理解。例如，可以包括中国科技创新的案例，如中国航天工程的成功，以展示国家创新精神和自主发展的成果。这些案例既展示了技术进步，也强调了团结协作的价值。

讨论话题的设置应鼓励学生就与中国发展相关的关键的社会、政治问题发表意见，如环保政策、城乡发展不平衡等。这些讨论不仅能增加课堂的互动性，还能促使学生使用英语表达复杂的观点，同时加深对相关政策背后意识形态的理解。

2. 采用跨文化视角下的意识形态教学方式

在教材中引入跨文化视角，通过比较分析和批判性思考的教学方法，可以帮助学生理解中国意识形态在全球语境中的独特性和相关性。通过比较中国与其他国家在特定问题上的不同处理方式，学生可以更好地理解各种文化和政治背景下的决策过程及其复杂性。

例如，可以通过比较中国和西方国家的福利政策来讨论社会主义和资本主义在社会保障体系设计上的根本差异。这种比较不仅增强了学生的全球视野，也锻炼了他们的批判性思维能力，使他们能够从多角度评估和理解国际事务。

3. 注意英文表述的准确性和文化敏感性

教材的语言准确性和文化敏感性对于思政教育的有效性至关重要。教材内容必须确保英语表述的准确无误，同时对中国文化和价值观的描述应敏感且尊重。在教材编写过程中，应聘请具有双语能力的专家仔细审阅所有材料，确保教材中的表达既准确传达信息，又能避免文化误解或偏见。

此外，还应考虑到文化适应性的问题，特别是在使用例子和语言表达时。选择的内容和表达方式需充分考虑到目标学生群体的文化背景和感受，避免使用可能引起误解或不适的材料，确保教材在传递主流意识形态的同时，也能被学生所接受和欣赏。

通过这些策略，高校英语教材的改编不仅能够更有效地传达主流意识形态，还能提升学生的语言技能和跨文化交际能力，从而为他们的学习、工作和生活打下坚实的基础。

（三）教学方法的多样化

1. 提高思政教育的吸引力和有效性

在高校英语教学中，多样化的教学方法对于有效传递主流意识形态至关重要。创新的教学方法可以提高学生的参与度，使思政教育更具吸引力。通过实施项目式学习、模拟活动、互动讨论等方法，可以使学生在积极参与的同时，深化对中国社会主义核心价值观的理解和接受。

例如，通过团队合作项目，学生可以一起探讨和解决实际问题，如环境保护、社会公平等，这不仅有助于提高他们的英语实践能力，还能促使他们从社会主义视角出发，思考和提出解决方案。此外，通过角色扮演或模拟国内外重要会议，学生可以更深入地理解政策的形成过程及其背后的意识形态动因。

2. 多样化教学活动设计

互动讨论可以使学生在开放的环境中自由表达观点，通过英语讨论中国的历史、文化、政治和经济话题，学生不仅可以提升语言能力，还能加深对主流意识形态的认识。团队项目则鼓励学生合作探讨具体主题，如分析中国的"一带一路"倡议如何影响国际关系，这种合作学习模式有助于培养团队精神和问题解决能力。

角色扮演和辩论则提供了平台，让学生置身于具体的历史或模拟情境中，如扮演改革开放时期的决策者，讨论和辩论不同的政策选择及其长远影响。这些活动不仅能激发学生的创造力和批判性思维，也能使他们从多角度理解和评价不同的意识形态观点。

3. 确保教学评估方法有效

评估教学方法的有效性是确保教育目标达成的关键。有效的评估方法应包括对学生学习成果的定期检测、反馈收集，以及教学活动的持续改进。通过使用在线问卷、课堂观察、学生讨论的录音分析及对学习成果的定量和定性分析，教师可以获得关于教学方法有效性的直接数据。

此外，定期收集学生反馈对于调整教学策略和内容至关重要。学生的反馈可以帮助教师了解哪些教学方法最能激发学生的兴趣和参与，哪些内容需要进一步强化或改进。通过这种持续的反馈和评估机制，教师可以不断优化课程设计，确保思政教育的内容和方法都能达到预期的教学效果。

第三节
高校英语课程思政教学质量监控与保障体系

一、教学质量监控体系的构建

（一）目标设定与需求分析

在高校英语课程思政教学中，构建一个有效的教学质量监控体系首先需要明确教学目标和预期的学习成果。这些目标应与课程的教学大纲紧密对应，并反映出思政教育的核心价值。目标设定应具体、可衡量，并与学生的长远发展目标相一致。例如，目标可以包括增强学生对中国社会主流意识形态的理解，提高学生的英语语言能力，以及培养学生的国际视野和批判性思维能力。

进行需求分析是确定教学目标的重要步骤之一，这包括了解学生的学习需求、背景知识及他们对思政内容的接受度。需求分析还涉及评估学生的先验知识，确定他们在学习开始时的能力水平，以便教师可以适当调整教学计划和内容，使其更符合学生的实际情况。

同时，分析教学环境也至关重要，如教室的物理条件、可用的教学技术支持及其他资源，这些都直接影响教学策略的选取和实施效果。例如，现代教学技术的使用，如智能教室、在线学习平台和多媒体教学工具，可以极大地增强课堂互动和学生参与度，从而提高思政教育的效果。此外，教室布局和设施的适宜性对促进有效学习也至关重要，如确保所有学生都能清晰地听清教师讲课，以及访问必要的学习材料。

此外，需求分析还应考虑课程内容的相关性和时效性，确保所教授的内容不仅符合教学目标，也反映当前社会政治的最新发展。这需要教师定期更新课程内容，整合最新的案例研究和实时事件，使学生通过英语学习能够更全面地了解和分析当下中国及全球的重要议题。

通过这样的系统性分析和策略实施，高校英语课程的思政教学不仅能够达到教育目的，还能在过程中调整和优化，以满足学生的具体需求和提升教学效果，从而确保教学质量监控体系的有效运作和持续改进。

（二）质量监控指标的开发

1. 质量监控指标开发的原则

（1）相关性

质量监控指标的首要原则是相关性。这意味着所设立的每一个指标都必须与课程的教学目标紧密相连，确保评估的焦点对教学成果有直接的影响。例如，如果课程目标之一是提高学生对英语国家文化的理解，则相关的指标可能包括学生在此领域的知识掌握情况。这种相关性确保了评估活动的方向与教学目标保持一致，从而可以更准确地测量和改进教学策略。

（2）可测量性

一个有效的监控指标必须是具体和明确的，且容易进行测量。具体性意味着每个指标都清晰定义，明确无误，任何评估者都能够依据这些指标收集和解读数据。例如，指标可能是"学生能够列举出至少三个与英语国家相关的文化特点"。这样的指标不仅清晰定义了期望的学习成果，还容易通过测试或作业来测量。通过具体的数据收集，教师可以准确评估学生的学习进度和教学方法的有效性。

（3）公正性

在设计质量监控指标时，公正性是至关重要的。这要求指标必须对所有学生和教师公平，避免引入任何可能导致偏见或误解的元素。公正的指标设计考虑到不同学生的背景和能力，确保评估过程中不会对任何个体或群体产生不利影响。例如，在评估学生对思政教育内容的理解时，应考虑到学生的语言能力和文化背景，以确保评估标准的公正性。

（4）全面性

全面性要求指标覆盖教学的各个方面，这包括教师的教学方法、学生的学习成果及思政教育内容的融入程度。全面的指标设计确保了从多个角度对教学质量进行评估，从而提供更全面的反馈，帮助教师和教育管理者全面理解教学情况。例如，除了评估学生的考试成绩，还可以通过学生和教师的问卷调查来评估教学方法的有效性和思政内容的接受度。

通过遵循这些设计原则，高校英语课程思政的质量监控指标能够更有效地支持教学目标的实现，促进教育质量的持续提升。这不仅有助于提高学生的学术和思政教育成果，也能增强教师的教学策略，最终实现教育的综合效果。

2. 质量监控指标的具体类别

在高校英语课程思政的质量监控体系中，设定有效的指标是评估和提升教学质量的关键。这些指标根据其评估的具体内容和目的可以分为教学实施指标、学生表现指标和教学成果指标三大类。

（1）教学实施指标

教学实施指标专注于评估教师如何在课程中执行教学计划，尤其是在融入思政教育、采用创新教学方法及其效果，以及教学资源的适用性和更新频率方面的表现。具体来说，这些指标检查教师如何有机地将思政教育通过讨论和案例分析等方式融入教学内容，推动学生对政治和社会问题的理解与反思；评估教师是否运用翻转课堂、项目式学习等创新教学方法，以提升学生兴趣和教学成果；定期审核教材和辅助材料的时效性及其与社会文化和学术要求的契合度。

（2）学生表现指标

学生表现指标专注于评估学生在接受思政教育后的知识掌握、思维发展和态度形成。这些指标包括：学生对思政相关内容的理解深度和广度，如能否清晰解释国家政策和历史事件的影响；学生在课堂讨论和解决实际问题时所展示的批判性思维和问题解决能力，包括分析和评价问题的方法；通过观察和调查获得的学生对思政教育内容的接受度和反应，从而评估他们对社会问题的看法和价值观的形成。

（3）教学成果指标

教学成果指标从宏观视角出发，全面评估课程对学生整体发展的影响，具体内容包括跟踪和评估学生的学业成绩与进步情况，以了解他们在英语和思政教育方面的表现；统计毕业生的就业率和职场表现，评价思政教育对其职业生涯的影响；通过学生和教师的反馈调查，评估他们对课程内容、教学方法和教学环境的满意度。这些指标帮助揭示课程设计和实施的有效性，以及其在培养学生能力方面的成效。

通过这些指标的综合评估，教育管理者和教师能够更准确地把握教学活动的质量和效果，从而采取相应措施持续优化教学策略，提高教学质量，确保高校英语课程思政教育的目标得以实现。

总之，开发一套全面而有效的质量监控指标是高校英语课程思政成功实施的基础。这不仅有助于提高教学质量，还能增强学生的学习体验和成果，从而实现教育的长远目标。

（三）实施监控机制

1. 数据收集

数据收集是监控高校英语课程思政教学质量的首要步骤，目的是全面获取有关教学活动的信息，以便有效评估教学效果和学生的学习成果。这一过程涵盖了三个关键方面：首先，通过精心设计的问卷调查，收集学生和教师对课程内容、教学方法、思政教育的整合及教学资源使用的反馈，目的是评估他们的满意度并收集改进建议。接下来，通过课堂观察，获得直接的教学行为和学生互动的数据，包括教师的教学策略、学生的参与程度及思政元素的融入情况；此观察可能由经验丰富的教师、教学监督人员进行，或通过视频技术来实现，确保数据的客观性和全面性。最后，通过分析学生的作业和考试成绩，特别是包含思政教育内容的作业，来详细评估学生对关键知识点的理解和应用能力，从而判断课程教学目标的实现程度。这些收集的数据将为后续的数据分析和教学调整提供坚实的基础。

2. 数据分析

数据分析在高校英语课程思政教学监控中扮演了核心角色，它通过科学方法确保从收集的数据中得出有效和可靠的结论。首先，通过采用描述性统计分析、相关性分析或回归分析等多种统计技术，量化教学成效和学生的表现，这些分析能帮助揭示数据的基本属性、变量间的关系及预测可能的发展趋势。然后，使用如 SPSS 或 Excel 等数据分析软件高效处理和分析数据，这些工具不仅提高了数据处理的速度，而且能够精确地识别出数据趋势和潜在异常。最后，基于全面的数据分析结果，可以明确指出教学过程中的问题和不足，并提出相应的改进措施。这不仅能提高教学质量，还能优化学生的学习体验。通过这一系统化的数据分析过程，教育者能够确保教学活动与教学目标更加吻合，从而有效地推动课程质量的持续改进。

3. 反馈机制

在高校英语课程思政教学的质量监控体系中建立一个有效的反馈系统是极为关键的，它确保监控的结果能迅速且有效地传递给相关的教师和管理层，从而促进实际的教学改进。这个系统涵盖了多种反馈渠道，包括定期的会议、电子邮件通信和内部网络平台等，既有正式的报告提交，也包括非正式的日常交流，以确保信息的全面传播和讨论。快速的反馈是该机制的核心，监控团队在完成数据分析后需要立即将发现和建议传达给教师和管理层，使他们能及时了解教学现状并进行适当调整。此外，基于收到的反馈，教师和管理层需不断调整教学计划和策略，这种基于反馈的动态调整过程有助于不断优化教学内容和方法，进而提升教学质量和学生的学习成效。这种全面的反馈机制不仅增强了教学管理的透明度，还鼓励教师持续改进其教学实践，从而有效地实现教育目标。

二、教学过程的持续改进

（一）制订改进计划

在高校英语课程思政教学的质量监控机制中，制订一个有效的改进计划是至关重要的。这个计划的目的是系统评估和提升教学方法和内容，确保教学目标的实现。

1. 识别改进之处

首先，改进计划的制订始于对现有教学实践的全面评估。这涉及对教学过程、学生反馈、考试成绩和课堂观察等数据的综合分析。通过这种分析，教育管理者和教师可以识别出教学中的关键问题和不足之处，如学生参与度低、教学内容更新不足或教学方法的不适当等。

在识别了需要改进的领域后，重要的是对这些领域进行优先级排序。这种排序基于问题的紧迫性和对学生学习成果的潜在影响。例如，如果某个问题影响了大多数学生的学习效果，那么这个问题应该被优先处理。

2. 设置改进目标

在确定需要首先解决的问题后，下一步是设置具体的改进目标。这些目标应当遵循SMART原则：具体（Specific）、可测量（Measurable）、可达成（Achievable）、相关性（Relevant）和时限性（Time-bound）。例如，如果问题是学生的批判性思维能力不足，一个SMART目标可能是"在下个学期末，通过实施基于问题的学习方法，提高学生的批判性思维测试分数至少20%"。

为了增加目标的实现可能性，重要的是让教师和学生参与到改进目标的设定过程中。这不仅可以提高他们的参与感和动力，还可以确保目标更加符合教学实际和学生的需求。

3. 改进策略和方法

为了确保高校英语课程思政教学质量的持续改进，采用创新的教学方法至关重要。这些方法包括但不限于项目式学习和翻转课堂，它们旨在通过更积极的学习体验提高学生的参与度和学习成果。同时，为了支持这些教学改革，适当的资源分配是必不可少的。这包括提供必要的技术支持，如智能设备和在线学习平台，以便实施翻转课堂和数字化项目管理。更新教材也是关键，确保所有内容都是最新的，与当前的社会政治环境相关联，从而保持课程内容的时效性和相关性。此外，根据具体教学需求引入其他资源，如额外的培训工具或外部专家，也可以进一步丰富教学方法和内容。资源的恰当分配确保了教学改进计划可以无障碍地进行，支持教育目标的实现。

（二）实施改进措施

1．教学实践的调整

基于之前制订的改进计划，调整课程的结构和内容至关重要。这包括重新设计课程模块，确保思政教育元素与语言学习目标的有效结合。通过这种整合，课程不仅传授语言技能，同时也强化学生的社会责任感和批判性思维。更新教学方法是提高教学质量的重要一环。通过训练教师采用更多互动式和以学生为中心的教学方法，如小组讨论、案例分析和角色扮演，可以显著提高课堂的活跃度和学生的参与度。这种方法不仅使学习过程更加生动有趣，还有助于学生深入理解和应用新知识。

2．教师培训与发展

针对通过评估识别出的教学需要改进的地方，开展定制的教师培训是必不可少的。这可能包括面对面研讨会、实践工作坊和在线课程，专注于新教学方法的应用和思政教育内容的有效传递。为教师提供持续的专业发展支持是保证教学质量长期提升的关键，包括定期的教学法更新培训、教学材料的共享和教学咨询，帮助教师不断地适应教育变革和学生需求。

3．学生参与

建立一个有效的学生反馈系统，收集学生对教学内容、方法及整体课程体验的看法和建议。这可以通过问卷调查、面谈或数字平台来实现，确保学生的声音被听见，并用于指导未来的教学改进。鼓励学生参与教学改进的决策过程，如课程设计和评估标准的制订。这种参与不仅提高学生的参与感和满意度，还能使教学更加贴近学生的实际需求和期望。

通过这些具体措施，高校英语课程思政的教学实践将不断优化，从而有效提升教学质量和学生的学习成果。这种持续的改进努力确保教学活动与教育目标保持一致，同时也响应了教育创新的需求。

（三）监控改进效果

为确保高校英语课程思政教学的持续提升与发展，监控改进效果并据此优化教学策略是至关重要的。以下是关于监控改进效果的详细探讨。

1. 持续监控与评估

持续的监控和评估是确保教学改进计划有效实施的关键。通过定期的评审过程，如每学期末通过学生的评价反馈和成绩分析来评估教学改进措施的效果，可以系统地收集关于教学方法、课程内容和学生学习成效的数据。这些数据为教学团队提供了实证基础，以判断哪些改进措施有效，哪些需要进一步调整或替换。评审不仅是一个评估过程，也是一个策略调整的机会。根据评审的结果，教学团队需要不断调整教学策略和教学计划，以确保所有教学活动都能有效达到预设的教学目标。这可能涉及修改教学方法、更新课程材料或重新设计学生互动活动。

2. 使用反馈循环

有效的反馈机制是教学改进的核心部分。将评估结果整合回教学过程中，形成闭环反馈系统，不仅能帮助教师了解教学策略的实际效果，也能保证教学活动持续与教学目标和学生的需求保持一致。通过这种方式，每一轮教学的实践都基于前一轮的经验进行优化，从而形成一个自我完善的教学循环。培养一种基于反馈的持续改进文化对于提升教学质量至关重要。这种文化鼓励所有教师和学生积极参与教学质量的评估与提升活动，认识到教学改进是一个持续的过程，需要每个人的参与和贡献。通过定期的研讨会、工作坊及教学分享会，可以加强教师之间的交流，提高他们对改进实践的认识和能力。

通过这些详细的步骤，高校可以有效地监控和调整英语课程思政教学的改进措施，从而确保教学活动持续对学生的学习成果产生积极影响。这种系统的监控与反馈流程不仅能提升了教学质量，也能加强教育机构内部的协同和动态学习环境的建设。

三、教学质量保障与评估体系

（一）内部质量保证机制

确保教学质量的有效方法之一是建立内部质量保证机制。这种机制主要包括构建专门的内部质量监控小组，其职责是定期检查和评估教学活动的质量。这个小组通常由学校的教师、管理人员及教学质量专家组成，他们将负责监控教学标准的实施情况，并确保所有课程都达到学校设定的教学质量标准。

此外，建立教学质量自我评估和报告系统也是内部质量保证机制的关键部分。通过这一系统，每位教师需要定期进行自我评估，反思自己的教学方法和学生的学习成果，并将这些评估报告提交给监控小组。这种自我评估机制不仅有助于教师个人的专业发展，还能促使整个教学团队关注并改进教学质量。

为了加强这一体系，学校可以采取以下措施进一步提升教学质量保证的效果。

（1）定期的教学质量研讨会：组织定期的教学质量研讨会，邀请内部和外部的教育专家来分享他们的经验和见解。这些研讨会可以作为一个平台，让教师学习新的教学方法，了解最新的教育趋势，以及探讨如何在教学中有效地融合思政教育内容。

（2）加强技术支持和资源配置：确保每个教师都能获得必要的技术支持和教学资源，以提高教学效率和学生的学习体验。例如，提供先进的教学软件和工具，更新教室的硬件设施，以及增加图书馆和在线资源的可用性。

（3）实施动态反馈机制：除了定期的自我评估，实施更加动态的反馈机制也是提高教学质量的关键。这包括使用实时反馈系统，让学生在课程中即时评价教学内容和教师的表现。这种即时反馈可以帮助教师迅速调整教学策略，以更好地满足学生的需求。

（4）教师发展计划：制订全面的教师发展计划，包括定期的培训、工作坊、教学观摩和个人发展目标设定。这些计划应针对教师的具体需求和职业发展阶段，帮助他们不断提升教学技能和专业知识。

通过这些扩展的措施，内部质量保证机制将更加全面和系统，不仅能帮助教师提升个人教学水平，还能确保整个教学团队能够共同努力，持续提高教学质量，最终实现高校英语课程思政教学目标的成功实施。

（二）教学质量的外部审核

在高校英语课程思政的教学质量监控机制中，外部审核是一个至关重要的组成部分。这种审核通过引入第三方的客观视角，确保教学活动不仅符合国内外教育标准，还能持续改进和更新。

外部审核的主要目的是验证教育机构是否遵循了规定的教育标准，同时评估其教学质量和成果。这种审核对于提升教育机构的透明度、可靠性和公信力至关重要。通过外部审核，学校能展示其教育质量，增强公众和利益相关者的信任。此外，这也是一个自我反思和改进的过程，帮助学校识别潜在问题并采取相应措施，以保证教学活动的持续改善和学生学习成果的优化。

外部审核的流程通常分为几个阶段，包括准备、实施和后续改进。在准备阶段，学校需要收集与教学相关的各类证据，如课程大纲、教学计划、学生和教师的反馈等，并进行自我评估。在实施阶段，由独立的第三方审核团队进行现场访问，他们会通过课堂观察、文件审查及与教师和学生的访谈等多种方法，收集教学实施的直接证据。在改进阶段，审核团队提供一份详细的审核报告，包括他们的发现、评估结果及改进建议。

外部审核通常基于一系列预先设定的标准进行，这些标准可能涉及教学内容的广度和深度、教学方法的创新性、学生参与度、学习成果及课程的连贯性和结构。这些标准旨在评估教学活动是否能有效地达到教学目标，以及是否为学生提供了必要的学习资源和支持。

基于外部审核的结果，学校通常需要制订一个详细的行动计划来解决被识别的问题。这可能包括修订课程大纲、更新教学方法、增强教师培训、改进学生评估机制等。持续的监测和再审核也是确保持续改进的关键部分，帮助学校逐步提升其教学质量。

通过这样的外部审核机制，高校英语课程思政不仅能保证教学活动的质量和效果，还能在竞争日益激烈的教育市场中保持领先地位，为学生提供高质量的教育体验。这种系统性的评审过程为教育机构带来了不断自我更新和适应教育新要求的机会。

第五章
高校英语课程思政教学实践研究

英语教学总体上可以划分为听、说、读、写、译五个方面。现在全国大部分高校也是按照这种模式组织英语课程，引导大学生有意去应用英语知识。因此，课程思政教学在实践中要结合高校英语课程实践，在不同类别的课程中融入思政的内容。通过深入的实践研究，旨在为高校英语课程思政教学提供可行的模式和策略，进一步推动思政教育与专业教育的深度融合，培养出更多具备国际竞争力，深刻理解中国文化的复合型人才。本章以读写类和听说类课程为例进行课程思政教学实践的分析。

第一节
高校英语读写课程思政教学

一、教材分析

（一）选择合适的教材

在高校英语读写类课程中，教材的选择是实现课程思政教育目标的基础。选择合适的教材不仅涉及语言学习的基本需求，也包括课程思政的特定要求。首先，需要对现有教材进行全面分析，了解其如何支持课程思政的目标。这包括教材中提供的内容是否有助于学生理解和接受社会主义核心价值观，以及是否有利于培养学生的国家认同感和社会责任感等。

在这一过程中，也需要识别教材中可能缺失的内容。例如，如果现有教材主要集中于语言技能的提升而忽视了文化教育和思政元素，那么就需要补充相关内容。这可能涉及引入额外的阅读材料，如关于中国现代社会和发展的案例研究，或者包含具有教育意义的中国文化和历史的讨论主题。

（二）教材内容评估

教材内容的评估是确保教材与国家教育方针一致的关键步骤。这一评估应详细考察教材中呈现的文化和意识形态元素。评估的目标是确保这些内容能正确反映国家的教育目标和社会主义核心价值观，同时也要符合教学的学术标准和质量要求。

评估过程中需要考虑的因素包括教材中的事件、人物和观点如何被呈现，这些内容是否有助于形成一个平衡和多元的视角。例如，教材中对重要历史事件的描述是否全面，是否能够激发学生对社会和政治问题的兴趣和批判性思考。此外，也需要检查教材是否包含可能的偏见或过时的信息，确保教学内容的准确性和时效性。

通过这样的教材分析和内容评估，教育者可以确保所选教材不仅支持语言教学的基本目标，也能有效地融入思政教育元素，促进学生在学习英语的同时深化对中国社会和文化的理解。这种综合性的教材分析方法将有助于构建一个内容丰富、教育意义深远的课程体系。

二、教学内容与课程思政元素分析

（一）内容整合

在高校英语读写类课程中，有效地整合思政元素是提升教学深度和广度的关键。为了实现这一目标，教师需要精心筛选和设计教学单元，确保这些单元能够自然而然地融入思政教育内容。例如，通过选用反映或讨论社会主义核心价值观的文学作品，使学生在学习语言的同时，也能深入理解和反思这些价值观在现实生活中的应用。

1. 精选文学作品和文章

选择适合的文学作品或文章非常重要，应选取那些描绘正面人物典范、反映社会主义现代化成就或探讨社会正义和道德问题的作品。例如，可以选用描写改革开放成功故事的现代小说，或者叙述中国历史上重要事件和人物的传记文学，这些内容不仅丰富了课程的文化层次，也为讨论提供了丰富的材料。

2. 整合教学目标和内容

在整合思政元素时，教师应确保教学目标和内容的一致性。这意味着教学活动和评估方法都应支持和反映思政教育的目标。例如，教师可以设计写作任务，要求学生分析某个社会主义核心价值在具体文学作品中的体现，或者讨论文章中呈现的道德冲突如何影响个人和社会。

3. 创造互动讨论环境

此外，创造一个互动的讨论环境也是内容整合的重要方面。通过组织小组讨论、研讨会和公开课等形式，教师可以鼓励学生表达自己的看法，增加思想交流的深度。这些讨论不仅帮助学生深化对文本的理解，还激发他们对社会、文化和政治问题的批判性思维。

4. 采用多媒体和跨学科方法

采用多媒体资源和跨学科的教学方法也可以增强内容整合的效果。例如，可以利用视频、电影片段或在线讲座来丰富文学作品的背景，帮助学生更好地理解内容的历史和文化背景。同时，与历史、政治学或哲学等其他学科的结合，可以提供更广泛的视角，帮助学生全面分析和理解思政主题。

通过这些策略，教师不仅能够有效地将思政教育元素融入英语读写课程中，还能提高学生的语言能力和批判性思维，使他们能够在全球化的背景下更好地理解和应对复杂的社会问题。这种深度和广度的提升是高等教育致力于培养全面发展的学生的关键。

（二）思政元素显化

为了让思政教育在高校英语读写类课程中更具体、更有影响力，教师应该通过设计具体实例来展示这些元素。通过精心选择的阅读材料和案例分析，可以有效地引导学生深入探讨道德、哲学及社会问题，从而在语言学习中融入丰富的思政教育内容。

1. 使用教学材料显化思政元素

选择合适的阅读材料是显化思政元素的关键一步。例如，教师可以挑选一篇描写个人牺牲和集体利益冲突的短篇故事，这类故事往往充满了深刻的道德和哲学问题。在课堂上，教师引导学生分析故事中主人公的选择和行为，讨论这些行为背后的价值观和道德理念。这种分析不仅能帮助学生理解社会主义核心价值观，还能提升他们的语言分析能力和批判性思维。

2. 探讨争议性话题和道德困境

进一步地，教师可以在教学中引入争议性的话题或道德困境，这些内容通常触及社会热点问题或伦理选择，如环境保护、社会公正、人权等。通过组织辩论或讨论环节，学生被鼓励从多个角度分析这些问题，并被鼓励表达自己的观点。这种教学方法不仅能增强学生的语言表达能力，而且有助于他们深入理解并评价涉及的社会和道德问题。

3. 结合实际案例分析

此外，引入与阅读材料相关的实际案例分析是另一种有效的教学策略。例如，教师可以选择一些真实的社会事件作为案例，让学生探讨事件中涉及的社会、道德和法律问题。学生可以通过小组讨论的方式分析案例中人物的行为，评价这些行为的社会影响，以及提出可能的解决方案。这样的活动不仅有助于学生将理论知识与实际情境联系起来，还能培养他们的社会责任感和道德判断力。

通过内容整合和思政元素的显化，高校英语读写类课程不仅教授语言技能，还成为培养学生社会责任感、道德判断力和批判性思维的平台。这种教学方法将使思政教育更加生动、具体和有效，有助于学生形成全面的价值观和人生观。

三、学情分析与思政课程互动

（一）学生背景分析

在设计和实施高校英语读写类课程中，对学生背景的深入了解不仅是提高教学有效性的前提，也是确保思政教育成功融入课程的关键。学情分析通过全面收集和评估学生的学习需求、兴趣和先前知识，为课程设置和教学策略的选择提供了必要的数据支持。这种分析使教师能够针对学生的具体情况，定制更加个性化和有效的教学内容和方法，从而使课程思政更贴近学生的实际认知水平和兴趣点。

1. 数据收集

在实施学情分析时，教师可以采用多种数据收集方法来确保所获信息的全面性和准确性。

（1）问卷调查：设计详细的问卷，涵盖学生的学术兴趣、课外活动、对当前社会政治事件的意见等。这种方法可以快速地收集大量数据，便于进行统计分析。

（2）入学测试：通过入学水平测试，了解学生在英语语言技能方面的基础水平，以及他们对特定思政主题的知识和理解程度。

（3）面对面访谈：与学生进行个别访谈，深入了解他们的个人经历、教育背景及其对课程的期望和担忧。这种方法有助于揭示学生的深层需求和潜在的学习动机。

2. 分析内容的重点

在收集数据后，分析的内容应具体而深入，教师要关注以下几个方面。

（1）评估学术背景与能力：评估学生的语言水平和学术准备情况，确定他们在课程开始时可能需要的支持或额外资源。

（2）对社会和政治的了解：了解学生对中国社会、政治及国际关系等问题的认识和见解，评估他们对思政主题的接受程度和兴趣。

（3）分析对思政主题的初步态度：分析学生对思政教育的初步态度和见解，包括他们对社会主义核心价值观的认同感和对相关政策的意见。

（4）了解兴趣爱好和非学术背景：探索学生的个人兴趣和非学术活动，如社会服务、志愿活动等，了解这些经历如何影响他们的世界观和学习态度。

通过这样综合而深入的学情分析，教师不仅能更精准地设计符合学生实际需要的教学计划，还能有效地将思政教育元素与学生的现实生活和兴趣相连接，提升教学的吸引力和教育的影响力。这种方法确保了教育活动的相关性和实用性，使学生在学习中能获得更丰富和深刻的体验。

（二）互动策略

为了提升课程思政的互动性和学生的参与度，设计有效的互动策略是必不可少的。互动策略可以增强学生对思政主题的理解和兴趣，同时促进其批判性思维和语言表达能力的提升。一些有效的互动方式包括小组讨论、研讨会、角色扮演和辩论等。

例如，小组讨论可以围绕特定的思政主题，如"社会主义核心价值观在现代社会中的应用"，让学生在小组内分享观点、讨论问题并共同提出解决方案。研讨会则可以邀请专家或教师引导，深入探讨某一具体事件或理论，如"分析中国的扶贫政策的成功与挑战"，并鼓励学生积极提问和反馈。

此外，角色扮演和辩论能够让学生从不同的视角思考问题，这不仅能提高课程的趣味性，也有助于学生更全面地理解复杂的社会和政治问题。通过这些活动，学生能够在实践中深化对思政主题的认识，同时提升自己的语言应用能力和社会互动技巧。

通过结合学情分析和互动策略的运用，高校英语读写类课程的思政教学不仅能更好地满足学生的学习需求，也能有效提升他们对课程内容的兴趣和参与度，从而达到更好的教学效果。

四、教学目标分析

（一）目标设定

在高校英语读写课程中，教学目标的设定是整个课程设计和实施的基础。这些目标需要根据课程要求明确，并结合学生的实际需求进行调整和优化。教学目标的设定应具体明确，可衡量，并应能够引导课程内容和教学方法的选择。

1. 学术目标的设定

目标设定要考虑课程的学术目标，如提高学生的英语阅读理解能力、写作技能及批判性分析能力。这些学术目标是课程的核心，旨在直接提升学生在语言运用方面的实际能力。例如：

（1）阅读理解：能够理解并分析复杂文本的主题、论点和文体等，通过阅读不同类型和风格的英文材料来培养这一能力。

（2）写作技能：提升学生构建有逻辑、条理清晰的文本的能力，包括论述文、描述文和议论文等各种形式。

（3）批判性分析：通过分析文章的论点、证据及其说服力来锻炼学生的批判性思维，使他们能够评价信息的质量和有效性。

2. 个人发展目标的整合

同时，还需要考虑学生的个人发展需求，例如提升交流沟通能力、增强跨文化理解等。这些目标不仅有助于学生的个人成长，也使他们能更好地在多元文化的全球环境中交流与协作。通过研究不同文化背景下的文本和情境，培养学生的全球视角和对多样文化的理解和尊重。

通过这样全面而详尽的目标设定，高校英语读写课程能够更有效地促进学生的学术成就和个人成长，同时深化他们对社会主义核心价值观的理解和认同。这种目标设定的多维度结合不仅优化了教学过程，也为学生的全面发展打下了坚实的基础。

（二）目标与思政对齐

在设定教学目标的同时，重要的是确保这些目标与思政教育的目标一致。思政教育旨在培养学生的社会责任感、国家认同及对社会主义核心价值观的理解和接纳。因此，教学目标应包括提升学生的批判性思维能力、增强他们对社会问题的敏感度和责任感。

为了实现这一对齐，教学目标应具体到能够通过课程内容直接体现思政元素。例如，在教阅读和写作技能的同时，可以选择那些涉及社会、政治或文化主题的材料，鼓励学生探讨和反思这些主题背后的深层问题。通过这样的教学活动，学生不仅能够学习语言和表达技能，还能在过程中深化对社会主义核心价值观的理解和应用。

此外，教师可以通过设计特定的教学项目或作业，如论文写作、案例研究或社区服务项目，来进一步强化学生的社会责任感和批判性思维。这些活动应该使学生能够将理论知识与现实问题相结合，实现知行合一。

通过将教学目标和思政教育目标对齐，高校英语读写课程可以更有效地促进学生的全面发展，不仅提升他们的语言能力，也加深他们对社会和文化问题的理解和承担社会责任的能力。

五、思政融入过程设计

（一）步骤规划

在高校英语读写类课程中融入思政教育是一个精心策划的过程，需要明确的步骤规划，以确保教学目标的实现。此过程包括几个关键步骤，从课程设计到具体执行，每一步都旨在加深学生对思政主题的理解和参与。

（1）课程设计：在课程设计阶段，教师需要整合思政教育目标与英语读写技能的学习。这包括选择合适的阅读材料、设计写作任务和讨论话题，这些内容应与社会主义核心价值观及相关思政主题紧密相关。

（2）教学活动安排：规划课堂活动，如讨论、辩论、案例分析等，以促进学生对材料的深入理解。这些活动应设计为促使学生批判性地思考并表达自己对于阅读材料中所体现的社会、政治或文化问题的见解。

（3）互动与反馈：建立持续的反馈和互动机制，让学生可以分享他们的思考和作品，同时接受同伴和教师的反馈。这一步骤是提高学生参与度和课程效果的关键。

（二）实际操作

为了将思政内容有效融入英语读写任务，可以采取以下具体的操作方法。

（1）阅读材料选择：选择那些涵盖或反映中国社会政治发展、历史事件、文化遗产等主题的英语文章或书籍。例如，可以选用描述中国改革开放、抗疫斗争或者中国科技进步的案例文章，这些都是与学生日常生活和国家发展密切相关的主题。

（2）写作任务设计：设计写作任务，鼓励学生就他们在阅读材料中遇到的社会和政治问题表达个人见解。例如，可以让学生写一篇论述中国传统文化在现代社会中作用的论文，或者写一篇分析某一社会政策如何影响他们社区的报告。

（3）讨论和辩论：组织课堂讨论和辩论，围绕阅读材料中的核心主题。通过这种互动，学生可以更深入地探讨和理解材料内容，并从多角度分析问题，从而增强他们的批判性思维能力和语言表达能力。

通过这些具体的步骤和操作，思政教育可以自然而然地融入高校英语读写课程中，不仅能增强学生的语言技能，也能深化他们对重要社会和文化问题的理解和思考。这种教学方法能够培养学生的综合素质，使他们成为具有社会责任感和批判性思维能力的公民。

六、教学方法设计

（一）任务教学法

任务教学法（Task-Based Learning）是一种以学生的语言产出为核心的教学方法，强调通过实际的写作和口头表达任务来促进学生对课程内容的理解和应用。在高校英语读写类课程中应用任务教学法，教师可以设计一系列与思政主题相关的具体任务，如写作论文、进行演讲或参与小组讨论。

这些任务应直接涉及思政教育的核心内容，如社会正义、道德伦理和国家发展等主题。例如，教师可以要求学生撰写一篇关于社会主义核心价值观如何在当代社会中实践的研究论文，或者准备一个关于中国的环保政策的演讲。通过这种方式，学生不仅能够加深对相关政治和文化议题的理解，还能够在实际的语言使用中提升其批判性思考和表达能力。

（二）头脑风暴法

头脑风暴法是一种旨在激发学生创造思维和集体智慧的教学方法。通过组织头脑风暴会议，学生可以自由地提出想法和观点，探讨与课程思政相关的问题。这种方法特别适用于引导学生探讨开放性问题，促进他们对复杂社会问题的深入思考。

在实施头脑风暴法时，教师可以提出一个与思政相关的主题，如"如何在全球化背景下维护和传播中华文化"，然后让学生在限定时间内尽可能多地生成和记录想法。在此过程中，教师要鼓励学生积极参与并提升他们的语言组织能力和团队合作能力。头脑风暴结束后，可以进行集体讨论，进一步分析和深化这些想法。

（三）混合式教学法

混合式教学法结合了线上和线下的教学资源和活动，以增强教学互动和学生参与度。这种方法利用技术的优势，如在线学习平台、视频教材、互动式讨论板等，与传统的面对面教学相结合，提供一个多元化的学习环境。

通过混合式教学法，教师可以安排在线讨论，让学生就某一思政主题开展深入交流，或者通过虚拟教室组织实时互动讲座和研讨会。此外，线上资源可以提供更多样化的学习材料，如电子书籍、在线文章和多媒体内容，这些都可以丰富学生的学习体验并增强他们对课程主题的理解。

总之，通过采用这些教学方法，高校英语读写课程不仅能有效地融入思政教育元素，还能提升学生的语言能力和综合素质，为他们成为具有国际视野和社会责任感的公民打下坚实的基础。

七、教学资源建设

（一）资源库建设

为了支持高校英语读写类课程的思政教学，构建一个全面的教学资源库是至关重要的。这个资源库应包括各种形式的教学材料，旨在丰富课程内容，增强学生的学习体验，并提高教学效果。资源库的内容可以包括：

（1）视频资料：整合相关的视频资源，如讲座、纪录片、专题讨论等，特别是那些能够展示中国文化、历史或当前社会政治发展的视频。这些视觉材料可以使学生在感官上更直观地理解课程内容，增加学习的吸引力。

（2）案例研究：收集和开发与课程主题相关的案例研究，尤其是那些涉及社会主义核心价值观实际应用的案例。这些案例不仅有助于学生理解理论在现实中的应用，还能激发他们对问题的深入思考。

（3）在线讨论平台：建立在线讨论平台，鼓励学生就课程内容发表见解，进行交流和辩论。这种平台可以是学校的学习管理系统内的论坛，也可以是专为某门课程设计的交流群组。

（二）资源更新

教学资源的时效性对于保持课程内容的相关性和吸引力至关重要。因此，定期更新教学资源是必需的。

（1）内容审核和更新：定期审查现有的教学资源，确保所有信息都是最新的、准确的，并与当前的教育目标和社会发展相符合。这包括替换过时的视频、更新案例研究中的数据及修正或改进在线讨论话题。

（2）引入新资源：不断寻找和引入新的教学资源，如最新发布的相关领域研究成果、新闻报道或政策解析等。这些新资源可以帮助学生了解最前沿的信息和分析，从而更好地理解和参与到社会实践中。

（3）反馈机制：建立一套反馈机制，收集学生和教师对教学资源的评价。利用这些反馈来指导资源的更新和优化，确保教学材料能够有效地支持教学目标的实现。

通过建设和维护一个多元化且更新及时的教学资源库，高校英语读写课程的思政教学将更加丰富和有效，能够激发学生的学习兴趣，提高他们的学习成效，同时深化他们对社会主义核心价值观和中国当代社会的理解。

八、教学过程和设计思路

（一）课程结构设计

在高校英语读写类课程中，合理的课程结构设计是实现教学目标的基础。这要求教师明确每个教学阶段的活动和目标，从而确保课程内容系统、逻辑性强且能有效传达所需的知识和思政教育要素。

（1）分阶段设计：将课程分为几个明确的阶段，如引入、发展、深化和总结。每个阶段都应有明确的教学目标和相应的学习活动，如在课程开始阶段，可以通过引入相关的历史背景或当前事件来激发学生的兴趣和讨论。

（2）活动规划：为每个阶段设计具体的教学活动，如讲座、阅读、写作任务、小组讨论和项目作业等。这些活动应紧密结合教学目标，如在深化阶段，可以通过案例分析和批判性写作来加深学生对于思政主题的理解。

（3）时间管理：合理分配每个活动的时间，确保教学内容充足且有序，让学生有足够的时间进行思考、讨论和完成作业。

（二）过程动态调整

教学设计的灵活性和适应性对于应对学生反馈和不同学习效果至关重要。这需要教师在教学过程中进行动态调整，以最大限度地提高教学效果和学生满意度。

（1）收集反馈：定期收集学生关于课程内容、教学方法和教材的反馈。这可以通过问卷调查、口头反馈或学习管理系统自动收集。

（2）评估学习成果：通过定期的测验、作业和其他评估工具来监测学生的学习进度和理解深度。这些评估结果应用于评估教学效果，并作为调整教学策略的依据。

（3）适时调整：根据收集到的反馈和评估结果，教师应适时调整教学计划和方法。例如，如果大多数学生在某个主题上表现出理解困难，教师可能需要重新讲解该主题，或提供额外的学习材料和辅导。

（4）灵活应对：教师应能够根据班级的整体动态和个别学生的需要灵活调整教学内容和节奏。这包括教学内容拓展或简化，以及对教学方法的调整，如更多采用讨论而非讲授。

通过这样的教学过程和设计思路，教师不仅能更有效地实现教学目标，还能提高学生对课程的参与度和满意度，从而达到更好的教学效果。

九、教学反思

（一）教学评估

教学评估是教学过程中不可或缺的一环，它使教师能够定期检视和评估教学效果，从而明确哪些教学方法和策略是有效的，以及哪些需要进一步改进或调整。这种评估通常包括对学生学习成果的测量、对教学活动的观察，以及学生和同行的反馈。

（1）学习成果评估：通过考试、作业、项目和口头表达等多种方式评估学生的学习成果。这些评估不仅应关注学生的成绩，更重要的是要分析学生在理解和应用学到的知识方面的表现。

（2）对教学活动的观察：定期进行课堂观察，可以是同行之间的观察或由教育专家进行。观察的重点包括教学方法的适宜性、教师与学生的互动及课堂氛围的整体效果。

（3）反馈收集：从学生和同行那里收集反馈，可以通过匿名问卷、访谈或讨论会等方式进行。这些反馈提供了直接的数据支持，帮助教师了解教学方法的接受度和效果。

（二）个人和团队反思

个人和团队反思是教师专业发展的关键部分，通过反思，教师可以深入理解自己的教学实践，识别优势和不足，从而持续提升教学质量。

（1）个人反思：鼓励教师在每个教学单元后进行个人反思，思考哪些教学策略或活动最有效，哪些不够有效，以及未来可以如何改进。这些可以通过写作教学日志、录制教学视频后回看等方式进行。

（2）团队反思：团队反思则侧重于教师团队之间的互动和共享。通过定期的团队会议，教师可以分享自己的经验、讨论教学中遇到的挑战和成功经验。团队反思不仅有助于个人教师的成长，也有助于整个教学团队的协作和发展。

（3）专业发展研讨会：定期组织教师参加专业发展研讨会，这些研讨会可以邀请教育专家举办讲座，或对特定教学方法和技术进行深入探讨，从而提供持续学习和改进的机会。

通过这样的教学评估和反思机制，教师能够不断地调整和优化自己的教学策略，确保教学活动能够有效地达成教学目标，同时也能促进教师个人和团队的持续成长和发展。

第二节　高校英语听说课程思政教学

一、教学目标与课程设置

（一）教学目标明确

在高校英语听说课程中，明确教学目标是确保课程成功的首要步骤。这些目标应详细规定教学的期望成果，既包括学生在语言技能上的提升，也涵盖了思政教育的具体目标。

1. 语言技能提升

在高校英语听说课程中，系统地提升学生的语言技能对于他们的整体学术和职业发展至关重要。课程目标的设定应包括全面提高学生的听力理解能力，让学生能够在听到快速对话、不同的口音和专业术语时，仍能准确理解核心信息。此外，课程也应着重于增强学生的口语表达技巧，从基础的发音清晰度到整体的语言流利度，每一方面都需精心打磨。通过定期的语音实验室训练、角色扮演和真实情境模拟等方法，学生可以不断地在控制的环境中练习和改进，从而在真实世界中更加自如地运用英语进行有效沟通。这种综合训练帮助学生建立起在多种社交、学术和专业环境下使用英语的自信，使他们在面对全球化挑战时能够展现出卓越的语言适应能力和交流技巧。

2. 思政教育目标

在高校英语听说课程中，思政教育目标的设定至关重要，它旨在深化学生对社会主义核心价值观的理解与认同，并培养他们的社会责任感和强烈的国家认同感。通过课程设计，可以鼓励并指导学生使用英语来表达对中国国家政策的支持和理解，同时在各种讨论和交流中积极传播和维护社会主义核心价值观。例如，教师可以组织学生就国家的发展战略、文化遗产保护或社会公平问题进行深入讨论，通过这些活动，学生不仅能够提高他们的语言表达能力，也能更深刻地理解和拥抱社会主义核心价值，从而在全球舞台上成为中国价值观的积极传播者。

（二）课程内容设计

1. 融合设计

在设计英语听力和口语教学内容时，选择与中国的文化、历史和社会发展紧密相关的素材尤为重要。听力部分不仅可以选择涵盖中国历史重大事件的纪录片片段，还可以包括关于中国传统音乐、艺术及民俗的介绍。这样的材料不仅能增加学生的学习兴趣，还能帮助他们更好地理解文化背景。口语讨论主题则可以扩展到中国的传统节庆、著名文化遗产地的历史与意义，甚至是中国文学作品中的经典故事和角色分析。

2. 实用性与互动性

强调课程的实用性和互动性对于提升学生的语言实际应用能力至关重要。除了模拟日常生活情景的活动，我们还可以设计一些特定的任务，如组织一个关于中国传统节日的展示会、模拟中西文化交流研讨会等。这些活动能让学生在实际语境中更加自然地使用英语，同时对涉及的社会和政治话题有更深的思考和理解。

3. 跨学科内容整合

通过引入更多经济、政治、文化等领域的内容，可以极大地增加课程的广度和深度。例如，学生可以通过团队项目探讨如何通过文化软实力推动国家形象分析中国的文化产品，如电影、电视剧在国际市场的表现及其对外国观众的影响。此外，探讨中国的现代化进程如何影响全球经济和政治格局，也可以作为课程内容的一部分。

通过这样综合性的课程设计，不仅能够提升学生的英语听说能力，还能深化他们对中国社会主义核心价值观的理解，从而有效地将思政教育融入英语教学中，培养具有国际视野和社会责任感的学生。

二、教材与资源选择

（一）教材选择

在当今高校英语听说课程的教学中，教材的选择对于确保教学质量和实现教学目标具有决定性作用。一个优质的教材不仅应覆盖语言技能的提升，也应深入反映中国的文化和社会主义核心价值观。为了更好地满足这些需求，教材的筛选与使用需要特别注意以下几个方面。

1. 听力材料

精心挑选的听力材料应涵盖多种形式，以确保学生能从多角度接触和理解语言及其背后的文化。除了包括新闻广播、学术讲座、电影片段及纪录片这些常规内容，还可以包括对中国艺术表演（如京剧、相声）的解说，或者是中国科技进步如高速铁路和移动支付的介绍。这些材料不仅能展示中国的传统与现代面貌，也能帮助学生更全面地了解国家的历史和社会发展。

2. 口语练习内容

在口语练习的设计中，除了基础的情景对话，还可以引入模拟国际会议、公共演讲和团队协作项目等形式。例如，设计一场关于如何在国际舞台上介绍中国文化的模拟演讲，或者围绕"一带一路"倡议的国际影响进行小组辩论。这样的练习不仅能让学生在实际的语言使用场景中练习英语，也能深入探讨和表达关于社会主义核心价值观和中国文化的理解。

通过这样全面而细致的教材筛选与使用，不仅可以提升学生的语言能力，还能增强他们对中国文化和社会价值的认识和尊重，促进他们成为具有全球视野和本土情怀的复合型人才。这种教育模式不仅满足了语言技能的基本训练需求，更符合当代中国高等教育的发展趋势和教育目标。

（二）多媒体资源利用

在现代教育中，利用多媒体资源进行教学已成为提高学生听说能力和扩展文化视野的重要方式。多媒体不仅丰富了教学手段，也大大增强了课程的互动性和趣味性。以下是如何有效利用多种多媒体资源以优化英语听说课程的几点建议。

1. 视频资源

视频是极佳的教学工具，能够提供丰富的视觉和听觉信息，帮助学生更好地理解和吸收新知识。例如，使用中英双语新闻视频不仅能帮助学生实时了解全球动态，还能让他们对比不同语言表达方式。此外，引入关于中国文化节目的片段，如介绍中国茶文化、书法艺术的专题片，可以增加学生对传统文化的兴趣。教师还可以利用讲解中国社会变迁和国际地位的讲座视频，使学生更好地了解中国在全球化背景下的发展与挑战。

2. 音频资源

音频材料是提升听力理解和语言技巧的有效方式。可以利用包括中文播客、广播剧及中国传统音乐在内的多种音频资源。这些内容不仅帮助学生练习语音语调，还能通过内容丰富他们对中国社会和文化的理解。例如，播放关于中国传统节日的特别节目，或者介绍中国现代城市生活的广播，都能有效增强学生的听力技能和文化认知。

3. 在线互动工具

利用现代技术，如在线论坛、互动式语言学习平台和虚拟现实（VR）技术，可以创造一个沉浸式的学习环境。例如，通过虚拟现实技术模拟一个在中国的购物或餐饮场景，学生可以实际操作并实时使用英语进行交流。此外，在线论坛可以让学生与世界各地的同学交流思想，分享文化见解，这种互动促进了语言的实际使用和文化的深入理解。

通过这些多媒体资源的综合使用，不仅可以提升学生的英语听说能力，还能有效拓宽他们的国际视野，加深对多元文化的理解与尊重，从而更好地适应全球化的教育趋势。这种教学模式的实施，无疑将大大提高课程的吸引力和教学效果。

三、听力技能与思政内容的整合

（一）听力练习设计

听力作为英语学习中的核心技能之一，其在语言教学中占据着举足轻重的地位。通过将思政内容整合到听力练习中，不仅能够提高学生的语言能力，更能使他们深入了解和接触到中国的社会政治理念和文化价值。因此，设计听力练习时，教师需要精心规划，确保内容既具有教育意义也具有实用性。以下是一些具体的设计建议。

1. 新闻听写

选择涉及中国的政策变动、重大事件或国家成就的新闻报道作为听力材料，不仅可以提升学生对当前中国及全球发展动态的了解，还能锻炼他们快速准确记录和处理信息的能力。例如，可以选取关于中国环保政策更新、科技进步或国际合作项目如"一带一路"倡议的报道。这些内容丰富、相关性强，能够有效提升学生的听力理解能力和笔记技巧。

2. 讲座理解

采用关于中国历史、文化或社会主义核心价值观的专题讲座，这类材料通常语言清晰、内容丰富，非常适合用作教学材料。例如，可以选择讲述中国古代哲学思想、现代中国的社会政策或改革开放历程的讲座。这些讲座不仅有助于学生在听力练习中学习到标准的语言表达，还能让他们在深化语言技能的同时，更全面地理解中国的文化和社会价值观。

此外，可以在听力练习中增加互动性和参与度，如组织学生就听到的内容进行小组讨论，或通过角色扮演来模拟新闻采访等情景。这样的互动不仅增加了学习的趣味性，也有助于学生在实际语言环境中应用所学知识，提升其语言实际运用能力。

（二）情境模拟

情境模拟是一种极为有效的教学策略，特别适用于外语教学。通过模拟真实的交流场景，学生可以在接近实际的语境中练习和应用他们的语言技能。教师将思政内容融入情境模拟中，不仅能够加强学生的语言实践能力，还能深化他们对中国文化和社会问题的理解。以下是一些扩展的情境模拟策略，旨在通过具体的教学活动提高教学效果。

1. 角色扮演

这类活动可以设计多样化的情境，如模拟在政府部门咨询关于环境保护的新政策、在学术会议上讨论关于非物质文化遗产的保护等。通过这样的模拟，学生可以扮演政策制定者、环保活动家、文化学者等多种角色。这种多角色的扮演不仅可以增强学生的沟通技巧，还能让他们从不同的视角理解和讨论问题，如探讨政策背后的文化和社会意义，以及这些政策对普通人生活的影响。

2. 文化互动场景

可以创建更具体的文化体验场景，如模拟准备和进行一个中式婚礼，或者在中国传统的茶馆中交流。在这样的模拟中，学生不仅可以讨论与这些文化活动相关的历史和社会意义，还可以学习相关的礼仪和语言表达。例如，在模拟春节家庭团聚的活动中，学生可以练习如何用中文表达节日的祝福语，讨论年夜饭的菜品代表的含义，以及如何进行传统的新年活动，如贴春联和放鞭炮。

3. 扩展应用

除了以上提到的模拟场景，还可以引入一些现代社会议题的讨论，如模拟城市规划会议讨论公共交通发展，或者模拟社区会议讨论垃圾分类和回收政策。通过这些现代社会议题的讨论，学生不仅能够使用英语表达复杂的观点，还能更深入地了解和参与中国社会的实际问题。

通过这些多样化和深入的情境模拟活动，学生不仅在语言技能上能得到实际的锻炼，还能通过角色扮演和文化互动的方式，增进对中国社会和文化的了解和认同。这种教学方法有效地结合了语言学习和文化教育，使学生在学习语言的同时，也能够更好地理解和尊重多元文化。

四、口语表达与思政教育融合

（一）主题讨论

在高校英语听说课程中，主题讨论是培养学生语言表达能力和深化对社会价值理解的重要教学环节。当这些讨论涉及社会主义核心价值观及相关社会问题时，它们不仅能够提升学生的语言技能，还能加深他们对中国社会价值和政治理念的理解。以下是如何有效设计和实施主题讨论的一些具体策略。

1. 设计讨论主题

选择能够激发学生兴趣并与思政教育目标相结合的主题是关键。例如，可以设计一系列围绕"公平与正义"进行的讨论，探讨不同社会群体在教育和职业机会上的平等问题；在"环保与可持续发展"主题下，讨论中国及全球的环境政策和实践，如何通过技术创新和政策调整应对气候变化；针对"技术进步与社会责任"，则可以讨论大数据和人工智能对个人隐私和社会行为的影响。通过这些讨论，学生不仅能够提高他们的语言表达和论证能力，还能深入理解这些核心价值观如何与实际问题相结合。

2. 引导与参与

在讨论环节中，教师的角色非常关键。教师不仅要引导讨论，确保讨论的深度和广度，还要促使每位学生都能参与进来。这需要教师具备高效的组织和引导能力，如可以通过小组讨论形式让学生先在小组内形成意见，然后在大组中展开辩论。教师还需要为学生提供必要的背景知识，如历史数据、政策背景、国际案例等，帮助学生在讨论中提供更加全面和深入的论点。

3. 多角度思考与批判性分析

教师应鼓励学生从多个角度审视问题，发展批判性思维。这可以通过引入不同的观点和来源，挑战学生的预设立场，鼓励他们对已有观点进行质疑和重新评估。例如，在讨论"公平与正义"时，可以引入不同国家的案例比较，让学生分析各国如何处理相似的社会问题，这种比较可以增强学生的全球视角和批判性思维能力。

通过这些策略，主题讨论不仅成为提高英语口语能力的平台，也变成了一个深化对社会政治理念理解的重要途径。这种教学方法有效地结合了语言学习和思政教育，帮助学生在全球化的背景下更好地理解和应用社会主义核心价值观。

（二）演讲与辩论

演讲和辩论不仅是提升学生批判性思维和口头表达能力的有效手段，它们也是培养学生组织信息、逻辑推理和公众演说技能的重要活动。通过这些活动，学生能在实际应用中锻炼自己的语言能力，同时深入探讨并理解重要的社会政治议题。

1. 演讲准备

在演讲准备过程中，学生应选取与中国国家政策、文化传统或社会主义核心价值观相关的主题。例如，学生可以选择讨论中国的环保政策如何影响国际合作，或分析传统节日如春节在现代社会的传承与变迁。在准备演讲稿时，学生需要进行广泛的研究，包括查找相关的书籍、学术文章和权威报告，学习如何从大量信息中筛选关键点，并将这些信息结构化地呈现出来。教师在此过程中的角色是引导者，可以提供研究资源的建议，帮助学生理清思路，并对演讲稿进行反馈，确保演讲内容既丰富又具有说服力。

2. 辩论组织

通过组织辩论比赛，学生可以在更具挑战性的环境中练习他们的论证和应变能力。例如，就"是否应加强互联网监管"这一话题，学生需要分析和讨论这种政策的利弊，如隐私权保护与国家安全的平衡问题。另一个辩论话题"传统文化的现代价值"，则让学生探讨如何在全球化的趋势下保护和推广中国传统文化。在辩论中，学生不仅要表达自己的观点，还要学会倾听对方的论点，适时进行反驳和补充，这样的过程能极大地锻炼他们的快速思考和口头表达能力。

通过演讲和辩论这类活动，学生不仅能提升自己的语言组织和公众演讲技巧，还能加深对中国及全球重要社会政治议题的理解。这些活动帮助学生形成批判性思维，能够从多角度分析问题，并在公众场合中自信地表达自己的观点，为他们将来的学术和职业生涯打下坚实的基础。

五、课堂活动与互动策略

（一）互动形式的创新

在高校英语听说课程中，创新的互动形式是提高学生参与度和学习效果的关键。通过多样化的教学方法，学生不仅可以在不同的学习环境中实践和提升自己的语言技能，还可以加深对思政内容的理解。这种教学策略的目的是通过各种互动活动，激发学生的学习兴趣，提高他们的语言实践能力，并促进他们对课程内容的深入理解。

1. 小组讨论

小组讨论是提高学生交流和合作能力的有效手段。在这种设置中，学生被分成小组，每组围绕特定的话题或问题展开讨论。例如，可以让学生讨论关于"中国的现代化影响"或"全球化背景下的文化身份"。通过这种形式，学生不仅能分享和辩护自己的观点，还能学习如何在团队中协作，尊重和倾听不同的意见。此外，小组讨论还鼓励学生进行批判性思维，分析复杂的社会政治现象，这对于他们的语言能力和综合分析能力的提升非常有益。

2. 工作坊

工作坊提供了一个更专注和实践的学习环境，使学生能够针对特定技能进行深入研究和练习。例如，一个关于"非语言沟通技巧"的工作坊可以帮助学生了解和练习肢体语言、面部表情和声调的重要性。学生可以通过角色扮演等活动模拟真实的社交场景，如商务谈判或文化交流，以提高他们的语言表达和文化适应能力。工作坊也可以专注于中国文化的特定方面，如书法、传统茶道或中国节日的历史与文化意义，从而加深学生对中国文化的认识和欣赏。

3. 互动式演示

利用交互式技术工具，如智能白板、虚拟现实（VR）和在线协作平台，可以使课程内容更加生动和吸引人。例如，教师可以使用虚拟现实技术创建一个模拟的中国城市旅行体验，学生可以在虚拟环境中"访问"中国的历史地标，进行语言练习。互动式演示不仅增强了学习的趣味性和实用性，而且通过这种沉浸式体验，学生的语言技能和对文化的理解能够得到显著提高。

通过这些创新的互动形式，英语听说课程可以变得更加动态和有效，极大地激发学生的学习热情，提高他们的语言实际运用能力，同时加深他们对中国文化和社会问题的理解和关注。这种教学方法不仅有助于学生的语言学习，还能培养他们成为具有全球视野和深厚文化理解力的未来人才。

（二）反馈与评价机制

建立一个有效的反馈与评价机制对于确保教育质量和课程成功至关重要。这一机制能让教师及时了解学生的学习进度，掌握教学活动的效果，并据此调整教学策略，以优化课程设计。下面是一些实现这一目标的详细措施。

1. 学生反馈系统

为了有效地收集和分析学生反馈，我们设立了一个多层次的学生反馈系统：首先，通过定期发布的在线问卷，我们评估课程内容的适宜度、教学方法的有效性及课程难度等关键因素，这种方式便于快速获得大量学生的反馈。其次，我们在每节课后提供简短的反馈表，让学生对当天的教学内容和方法提供即时反馈，从而帮助教师及时调整教学策略。最后，通过定期举办的开放式讨论会，教师可以与学生进行面对面的交流，直接听取学生的意见和建议，深入了解他们的学习体验和需求。这一综合反馈系统确保了教师能够全面了解并及时响应学生的学习情况，从而优化教学设计和方法。

2. 评价体系

评价体系应是全面且持续的，包括传统的书面考试和作业，以及对学生课堂口语表达、参与度、团队合作能力和项目完成情况的综合性评价。此外，我们采用持续性评价机制，通过学期中的进度报告和定期成绩更新，使学生和教师能够及时掌握学习成果并相应调整学习和教学计划。评价结果直接用于指导教学实践，根据学生表现调整教学内容和方法，确保教学目标的实现和满足学生的学习需求。这种评价体系旨在提供持续反馈和促进教育质量的提升。

3. 教师和同行评审

建立一个同行评审系统是教学质量改进的重要步骤。该系统允许教师互相访问对方的课堂，观摩并评价彼此的教学方法和课堂管理技巧。这种互访不仅促进了教师间的专业交流，还提供了从不同视角接收反馈的机会，使教师能够获得有关自己教学实践的客观意见。通过同行的细致反馈，教师可以更清晰地看到自己在教学方法和课堂管理方面的优势与待改进之处，从而有针对性地提升教学效果。

同时，应鼓励教师进行自我评估，这是教师专业发展的关键组成部分。教师被鼓励定期回顾自己的教学录像或收集学生的反馈信息。这种自我反省过程使教师有机会从学生的角度理解教学的影响，识别教学中的问题并寻找解决方案。通过持续的自我评估，教师能够不断探索和实施新的教学策略，以满足学生的学习需求，最终实现教学质量的持续改进和个人教学风格的成熟。这种结合同行评审和自我评估的系统不仅增强了教师的自我意识，还建立了一个支持性的教育环境，其中教师可以相互学习、共同成长。

通过这些细致和系统的反馈与评价措施，教育者不仅能够更有效地掌握教学质量，更能确保教学活动的适应性和教学策略的及时调整，最终达到提高教学效果和学生学习成果的目标。这种机制的建立，为高校英语听说课程提供了坚实的支持，确保了教学与学习活动能够高效、有序地进行。

第三节　英语课程思政教学实践反思

一、英语课程思政教学目标设置应联系学生实际

在高校英语课程中整合思政教学，使其与学生的实际需求和生活经验相符合，是提

高教学效果和学生参与度的关键。这不仅要求教师具备高度的敏感性和专业性，教师还要从以下几个方面入手，确保教学目标的实效性和教学内容的吸引力。

（一）了解学生需求和背景，确保目标来自学生

首先，为了确保课程思政教学目标的准确性和实效性，深入了解学生的背景和需求至关重要。这一过程涉及全面调研学生的社会经验、文化背景、价值观念，以及他们对当前社会政治事件的态度和反应。教师可以采用多种方法来收集这些关键信息，包括但不限于问卷调查、小组讨论和个别访谈。问卷调查可以广泛地收集数据，涵盖大范围的主题和问题，而小组讨论则有助于观察学生在社交环境中的互动和观点交流。个别访谈则提供了深入了解个别学生深层次想法和具体需求的机会。

通过这些详细且系统的信息收集方法，教师能够获得关于学生兴趣点和学习需求的第一手资料。这不仅有助于教师更好地理解学生的个性和需求，还能够为课程设计提供实际的依据，确保教学内容既贴合学生的实际生活经验，又能有效地引发学生的学习兴趣和参与度。此外，这些信息还能使教师能够更精确地调整教学策略，设计出更具针对性和实用性的课程内容，从而使思政教学更加贴近学生的真实世界，增强教学的吸引力和教育效果。

（二）目标制订具体化和个性化，保证目标适用学生

在获取了学生具体需求的明确信息后，教学目标的设定必须更具体化和个性化，确保每个学生的学习内容做到多样性和针对性并重。这种方法不仅要符合教育大纲的基本要求，还要细致地考虑到不同学生群体的特定需求和兴趣，从而实现教学内容的最大化适应性和相关性。

例如，对于那些未来希望进入国际市场工作的学生，教师可以设计更多与国际贸易、全球市场动态及国际政治经济相关的课程内容。这可能包括实时的国际贸易案例分析、全球经济趋势的讨论，以及国际商法的基础知识。通过这种方式，学生不仅能学习到专业知识，还能在实际情境中理解和应用这些知识，从而更好地为将来的职业生涯做准备。

　　而对于那些对文学有浓厚兴趣的学生，教师可以选取各种文化背景下的英语文学作品进行深入分析。这不限于传统的文学作品阅读和分析，还可以包括对文学作品中社会主义核心价值观的探讨，如公平、正义、爱国等主题。通过对不同文化中这些主题的比较研究，学生不仅能增强文学素养，还能在跨文化背景下加深对社会主义核心价值观的理解和认同。

　　这种个性化和具体化的目标设定策略不仅使教育内容更贴合学生的个人发展需求，还极大地增强了学生的学习动机和参与感。每个学生都能在学习过程中找到符合自己兴趣和职业目标的切入点，从而在认知和情感上都获得积极的学习体验。这样的教学设计使学生能够在掌握必要的语言技能的同时，也能广泛地涉猎到其他领域的知识，促进其全面发展。

（三）提升目标的相关性和时效性，提高学生参与度

　　为了确保课程思政内容能够有效地传达且引起学生的共鸣，提升教学目标的相关性和时效性至关重要。这要求教师不仅选择与学生实际生活经验密切相关的教学内容，而且要能够灵活地结合当下的热点事件加以讨论。例如，教师可以利用最新的国际新闻作为教学材料，让学生探讨全球化如何影响中国的政治、经济和文化。通过这种方式，学生可以更直观地看到国际事件与本国事务的互动及其背后的复杂性。

　　此外，通过电影、音乐及其他流行文化媒介，教师可以有效地将社会主义核心价值观与当代青年的生活实际相连接。这些流行文化元素不仅广受学生欢迎，也反映了社会变迁和文化趋势，为教师提供了讨论和分析社会主义核心价值观如何在青年文化中体现的丰富材料。

　　将国际视角融入课程是另一种扩展学生视野的有效方法。通过比较不同国家的政治制度和文化，学生不仅能够获得对外国政治文化的基础了解，还可以在比较中更深刻地理解中国的社会主义特色。这种比较视角不仅有助于学生建立全球视野，还能激励他们对本国的社会主义核心价值观进行更深入的思考和认同。

　　通过上述方法，高校英语课程的思政教学不仅能够深入人心，也将更具吸引力和实效性。通过这种教学模式，我们最终能够培养出具备国际视野并深刻理解中国特色社会

主义核心价值观的现代青年。这样的教育不仅满足了国家对高等教育的期待，也确保学生能够在全球化的世界中拥有竞争力和自信。

此外，考虑到学生对国际事件的兴趣，将国际视角融入思政教育也是一种有效的方法。通过比较不同国家的政治理念和文化差异，不仅能扩展学生的国际视野，还能深化他们对社会主义核心价值观的理解和认同。

二、思政内容设计应围绕核心，一点讲透

在课程思政中，精确地设计和传达内容是至关重要的。为确保学生不仅接收到这些信息而且能深入理解和吸收，我们需从以下几个方面进行细致的教学设计。

（一）主流意识形态的提炼和突出

为了确保课程思政的有效性，教师必须从大量的信息和知识中提炼出与课程内容密切相关的主流意识形态。这个过程涉及对教学材料的深入分析，从中识别和挑选出能够体现和强化社会主义核心价值观的关键元素，如公平正义、诚信、爱国等。例如，在涉及国际关系主题的文章中，教师通过强调公平正义的重要性，不仅可以帮助学生理解国际法和国际伦理的基本框架，还能使他们认识到在全球化背景下维护公正的复杂性和必要性。这样的讨论有助于学生从更广阔的视角理解国际动态，同时也培养他们的全球公民意识。

此外，选择一个核心概念并围绕它设计课程内容是确保学生能够深入讨论和彻底理解教学主题的有效策略。这种方法使得教学更加聚焦，能够更深层次地探讨特定的问题或价值观。例如，在涉及环境保护的主题阅读中，将"可持续发展"作为核心概念，教师可以设计一系列的活动和讨论，引导学生深入探讨环境保护的国内外政策、技术革新与环保之间的关系，以及个人和社会层面上的可持续行为。通过具体案例的分析，如中国的绿色发展策略或国际上的气候变化协议，学生不仅可以更好地理解文章主题，还能理解这些政策背后的价值取向和道德考量。

通过这些教学策略，教师不仅能够确保思政教育内容的相关性和深度，还能激发学生的学习兴趣和批判性思维，使他们在理解复杂的全球问题和挑战时，能够基于坚实的

价值观框架进行思考和判断。这样的教学不仅有助于学生的学术成长，更重要的是培养他们作为未来社会成员的责任感和道德判断力。

（二）案例和故事的运用

运用具体的案例和故事是提高课程思政效果的有效方法，尤其是在使抽象的政治理念变得具体和易于理解方面具有显著的优势。通过精心选择那些能够显著展示社会主义核心价值观的中国成功故事或历史事件，教师能够将理论与实际生活紧密相连，从而极大地提高教学的吸引力和影响力。

例如在涉及国际金融组织如何为贫困国家提供金融资助，帮助他们突破贫困循环的相关内容时，教师可适时融入中国政府的扶贫故事，提升学生的政策自信和民族自豪感。

在涉及科学家精神的文章阅读过程中，教师可引入中国科学家的故事，在帮助学生更深入地理解科学家精神的同时，也能通过这些熟悉而感人的故事引发学生的情感共鸣，从而培养学生的爱国、奉献精神。

这些故事的讲述不仅仅是为了传递知识，更是一种激发学生思考和情感的方式。通过故事，学生能看到社会主义核心价值观如公正、诚信、爱国不是空洞的口号，而是在中国的现代化进程中实实在在得以体现和实践的生动范例。这种方式不仅让复杂的政治理念具象化，更使其深植人心，激发学生将这些价值观运用于自己的日常生活和未来的职业生涯中。

（三）深度讨论与批判性思维

利用课堂上的深度讨论和辩论作为一种教学手段，是极其有效的，特别是在促进学生批判性思考和深层次理解方面。这种教学策略不仅允许学生自由表达自己对于各种核心价值观的看法和理解，也为他们提供了一个宝贵的机会，去倾听和反思同伴的不同观点。通过这种形式的互动，学生能够从多角度接触问题，这对于培养他们的全面思考和开放态度至关重要。

在这种教学活动中，教师的角色是至关重要的。教师应当鼓励学生不仅仅是被动接受信息，而是要积极地批判性地分析和评价这些信息。通过设立一个开放而富有挑战性的课堂环境，教师可以引导学生深入探讨复杂的社会问题。例如，在阅读有关美国社会问题的文章中，教师可以指导学生分析和讨论社会政策深层次影响。这样的讨论不会局限在理论层面，更重要的是让学生思考社会公平正义如何实现。

此外，教师可以通过案例研究将理论与实际结合，使学生能够更好地理解抽象概念在现实中的应用。通过分析具体案例，如评估某个国家或地区实施的社会政策的成效及其对不同人群的具体影响，学生可以更具体、更深入地理解社会公平的复杂性和多维性。这种方法不仅增加了学习的实践性，也帮助学生提高批判性思维和解决问题的能力。

通过这些深入的讨论和辩论，学生不仅能够增强对社会主义核心价值观的理解，还能培养他们应对复杂社会问题的能力。这种教学方式最终目的是训练学生成为能够独立思考和行动的社会成员，具备推动社会进步和维护社会公正的能力和责任感。

三、搭建课程思政与文本的桥梁

在高校英语课程中搭建思政教育与文本内容的桥梁是一个复杂但至关重要的过程。这一过程要求教师不仅要精心选择教学文本，还需巧妙地整合文本分析与教学活动，并运用跨学科的方法来丰富和深化学生的学习体验。

（一）文本选择与核心价值观的匹配

在实施思政教育时，选择与教学目标紧密相关的文本是构建课程内容的基石。这些文本不仅需要具有教育意义，还应当与社会主义核心价值观直接相关，以便在教学过程中能够有效地传达所需的政治和道德理念。选择的文本可以广泛涵盖重要的政治文献、经典的文学作品，以及反映当前社会问题的现代媒体报道。

例如，从《共产党宣言》这一政治宣言到马丁·路德·金的《我有一个梦想》演讲，这些文本不仅在历史上具有重要地位，也深刻体现了追求公平、正义等社会主义核心价值观。《共产党宣言》不仅是政治斗争的指南，也是理解阶级斗争和资本主义社会结构的重要文献，而马丁·路德·金的演讲则是民权运动的象征，强调了平等权利和种族和谐的重要性。

通过教师的引导和解析，学生可以深入探讨这些文本如何与现代社会的政治、经济及社会背景相连，以及它们是如何推动社会向更加公正合理的方向发展的。教师可以着重指出文本中的关键段落和表述，解释它们在社会主义核心价值观中的地位和作用，让学生明白这些文本不仅仅是历史文献，它们的教育价值和现实意义至今仍然深远。

此外，教师可以组织学生进行小组讨论，鼓励他们分析和批评文本中的观点，以及这些观点如何影响了当代的政策制定和社会观念。通过这种互动式的学习方法，学生不仅能够加深对社会主义核心价值观的理解，还能培养他们的批判性思维和公民意识，进一步了解和推广这些价值观在当今世界的实际应用和重要性。

（二）文本分析与教学活动的整合

将文本分析与具体的教学活动相整合是关键的步骤，以确保学生能够积极参与并从中获得深刻的学习体验。这种整合旨在通过多样的教学方法激发学生的兴趣，帮助他们从多个角度理解和吸收教学内容。

活动的设计可以多种多样，包括文本分析、角色扮演、模拟讨论等。例如，在分析马丁·路德·金的《我有一个梦想》演讲时，教师可以组织学生进行角色扮演活动。学生可以分配不同的角色，如演讲者、听众成员甚至反对者，通过这种方式，学生不仅可以深入理解演讲的历史背景和社会影响，还能够体验文中人物的情感和立场。这种活动帮助学生更好地理解文本的情感深度和修辞力量，以及它如何激发了社会变革。

此外，现代教学技术的运用也是提高教学效果的有效手段。利用多媒体工具，如视频片段、音频讲解甚至互动软件，可以使文本内容的展示更加生动和吸引人。例如，教师可以展示关于民权运动的历史纪录片段，或者播放马丁·路德·金演讲的原声录音。这些多媒体元素不仅增强了视觉和听觉的影响，还能帮助学生更全面地理解文本的社会和历史背景。

通过这样的整合，文本分析不再是简单的阅读和讨论，而是变成了一种多维度的学习体验，通过不同的感官和认知活动促进学生的全面理解。这种教学方法不仅提高了学生对文本的理解能力，也增强了他们分析和批判文本的能力，进一步深化了他们对社会主义核心价值观和相关社会问题的认识。

（三）跨学科方法的运用

利用跨学科方法来分析文本是一种极其有效的策略，能够显著扩展学生的视野并深化对文本内容的理解。通过将语言学习与社会科学、历史、哲学等其他学科的知识相结合，学生可以从多个层面和角度来解读和分析文本，这不仅丰富了学习内容，也增强了学习的深度和广度。

例如，在讨论社会科技进步这样的重要议题时，教师可以引导学生不仅关注文章中的文学和语言特性，也可以将社会科技进步放在大的历史进程中进行讨论。在历史层面上，科技进步不仅仅是历史前进最为明显的表征，而且在深层次上推动社会阶层的变革。在社会发展的影响上，师生可以讨论科技进步给人们社会生活带来的便利，以及不同国家的科技差距。在政治学的角度上，师生可以讨论社会科技进程给社会民主进程带来的深远影响。

此外，将这些复杂的学科视角融入到语言学习中，不仅提高了学生对特定历史和社会现象的理解，也训练了他们运用批判性思维来分析不同类型的文本。例如，通过讨论《共产党宣言》中的具体论述如"无产阶级的解放应是无产阶级自己的事业"，学生可以学习如何分析论证结构，评价论点的有效性，并探讨这些观点如何与当代社会的政治和经济现状相联系。

运用这种跨学科方法不仅加深了学生对文本的理解，而且通过这种综合性的思考过程，学生能够更好地掌握如何将多学科知识应用于实际情境中，增强他们解决复杂问题的能力。这样的教学方法最终目的是培养出能够综合运用多方面知识、对社会现象进行深入分析和批判的全面发展的学生。

通过上述方法，高校英语课程中的思政教育可以更加深入和系统，不仅能提升教学的质量，也能极大地丰富学生的学习体验。这种综合的教学策略有助于培养学生的批判性思维能力和多元文化的理解能力，为他们未来在全球化世界中的成功打下坚实的基础。

第六章
高校英语课程思政教学评价研究

第一节
多元化高校教师课程思政评价体系的建立

在当前的高等教育环境中，高校英语课程不仅承担着提升学生语言能力的任务，也被看作是传递社会主义核心价值观的重要平台。因此，将思政教育有效地融入英语教学中，对于培养具有国际视野和社会责任感的现代青年具有不可估量的重要性。在这样的教育背景下，建立一个多元化的评价体系显得尤为重要。传统的教学评价方法往往聚焦于学生的语言技能掌握程度，而忽视了思政教育目标的实现情况。一个多元化的评价体系能够全面地衡量教学效果，不仅包括语言能力的提升，还包括学生对社会主义核心价值观的理解和接受程度。这种评价体系的目的在于确保思政教育目标能够有效实现，并通过持续的反馈和改进优化教学策略和内容。

一、评价体系的理论基础

在构建一个有效的多元化评价体系之前，了解该系统的理论基础是必要的，因为这些理论不仅提供了评价的方法论支持，还帮助我们理解如何设计和实施这样的系统来优化教学成果。这些理论基础包括教育评价理论、质量保证体系等，每一种理论都对如何评估教学效果提供了不同的视角和工具。

（一）教育评价理论

教育评价理论为高校英语课程思政提供了一个结构化和多维度的评价框架，这有助于确保评价过程全面并系统地覆盖教学的各个方面。理解这些理论并将其应用于实际的教学和评价中，是提高教学质量和实现教育目标的关键。

1. 形成性评价和终结性评价

教育评价理论中区分了形成性评价和终结性评价，这两种评价方法各有其特定功能和重要性。形成性评价发生在教学过程中，其主要目的是给教师和学生提供即时反馈，以便他们能够在教学活动进行时进行调整和改进。这种评价形式通常是非正式的，如教师观察、课堂讨论、小测验等，它帮助教师理解学生在学习过程中的进展和遇到的困难，从而使教师能够及时调整教学策略，满足学生的具体学习需要。

相对地，终结性评价则发生在教学单元或课程的最后，主要目的是评估学生在整个学习期间的学习成果。这种评价通常较为正式，包括期末考试、项目提交或终结性报告，旨在衡量学生是否达到了课程的学习目标。通过总结性评价，教师可以获得关于课程整体效果和学生学习成就的宝贵信息，这对于课程的进一步改进和学生学习成果的确认都至关重要。

2. 360 度反馈模型

此外，360 度反馈模型为课程思政的评价提供了一个全面的视角。这一模型涉及来自多个源头的反馈，包括学生自评、同行评价、教师评价及行政评价，使得评价体系更加全面和多元。学生自评鼓励学生反思自己的学习进程和成果；同行评价则允许学生互相评估，这有助于增强学生间的学习共同体感；教师评价提供专业的教学反馈；而行政评价则从教育机构的标准和要求出发，确保课程符合教育政策的要求。通过整合这四个维度的反馈，教师和教育行政人员可以获得更全面的信息，以支持教育决策和教学质量的提升。

通过这些教育评价理论的应用，高校英语课程思政的评价可以变得更加精准和有效，从而确保教学活动不仅达到教学目标，还能持续改进，最终提高学生的学习成果和满意度。

（二）质量保证体系

质量保证体系在教育领域扮演着至关重要的角色，它的主要目的是确保教育服务持续地满足或超越既定的质量标准。这一系统的设计和实施涉及一系列精心构思的措施和流程，旨在提升教育的整体质量和效率。

1. 明确教学质量标准

在教育领域中，确立明确的教学质量标准是质量保证体系的基础。这些标准不仅涵盖学术成就的具体指标，如学生的成绩和毕业率，还包括教学方法的创新性、课程内容的相关性及教学环境的支持性等方面。通过设定这些全面的标准，教育机构能够确保其提供的服务能够满足行业要求和学生的期望。

2. 定期进行内部和外部审查

为了保证这些标准得到有效实施，定期进行内部和外部审查是必不可少的。内部审查通常由教育机构自身进行，涉及对教学过程、教师表现和学生反馈的定期评估。这有助于及时发现问题并进行相应的调整。外部审查则通常由第三方进行，如学术认证机构或行业监管机构，他们通过独立的评估确保教育机构符合国家或国际教育标准。

3. 利用反馈进行持续改进

除了审查，利用各方面的反馈进行持续改进也是质量保证体系的核心组成部分。这包括学生评价、同行评审、校友反馈及与行业需求相关的反馈。通过分析这些反馈，教育机构可以细化和优化教学策略，调整课程内容，甚至改进教学设施和资源。这种基于反馈的持续改进过程确保教育服务能够适应快速变化的教育需求和挑战。

4. 国际标准的应用

具体到国际标准，如 ISO 9001，它为教育机构提供了一个全球认可的质量管理框架。这种标准的应用帮助教育机构建立起一套标准化的质量管理流程，从教学、研究到服务，每一环节都能确保质量控制严格和有效。实施这些国际标准不仅提升了教育机构的品牌信誉，还增强了学生和家长对教育质量的信任。

通过这样的质量保证体系，高校能够确保其教育服务不断适应教育行业的发展趋势，满足学生和社会的期待，从而在全球教育领域中保持竞争力和领先地位。

二、评价体系的设计原则

在设计高校英语课程思政教育的评价体系时，确立清晰的目标和遵循一定的原则是至关重要的。这些原则不仅指导整个评价过程的进行，还确保评价结果的有效性和可靠性，从而支持教学质量的持续改进。

（一）确立评价体系的目标和原则

一个有效的评价体系应基于一系列明确和一致的目标和原则。首先，公正性是评价体系设计中的核心原则之一，意味着评价过程和结果应对所有学生公平无偏。这要求评价标准和方法的一致应用，无论学生的背景或个人特征如何。

其次，透明性也至关重要，评价的标准、方法和结果对教师和学生应都是开放和可访问的。透明性不仅增强了评价的接受度，还有助于学生和教师了解评价的依据，促使他们在了解自身表现的同时，也能积极参与到教学和学习的改进过程中。

此外，全面性确保评价体系涵盖教学和学习的所有关键方面。这意味着评价不仅要关注学术成绩，还要评估学生的思政态度、参与度、批判性思维能力等非学术因素。全面性原则强调评价体系需要多维度地反映学生的学习和发展，以及教学的有效性。

（二）评价指标的选择和设计

评价指标的选择和设计是构建评价体系的核心环节，这些指标必须精确而全面，能够有效反映教学目标的达成情况。在选择评价指标时，首先需要确保这些指标与课程的教学目标紧密对应。例如，如果课程目标包括提高学生的语言能力和深化对社会主义核心价值观的理解，那么评价指标就应该包括语言技能测试和相关的思政态度评估。

接下来，评价指标的设计应该考虑其可操作性和测量的准确性。在实际操作中，可以采用混合方法评价，结合定量和定性的评价工具。定量工具，如测试和问卷，可以提供易于分析的数据，而定性工具，如学生反馈、教师观察和同行评审，可以提供更深入的见解，帮助理解学生的具体表现和背后的原因。

通过这些原则和方法的应用，高校英语课程的思政教育评价体系可以更加科学和有效，不仅有助于提高教学质量，还能促进学生全面发展，确保教育目标的实现。

三、评价体系的关键组成

在构建高校英语课程的思政教育评价体系时，关注教师表现、学生表现及课程内容的综合评价是至关重要的。这些组成部分相互关联，共同反映了教育质量和教育目标的达成程度。

（一）教师表现评价

教师表现评价在高校英语课程思政中扮演着至关重要的角色，它通过全面而系统的方式审视教师在教学过程中的表现，确保教学目标得到有效实现。这一评价过程涵盖了教师的教学方法、思政内容的融合，以及与学生的互动等多个关键领域，从而为提高教学质量和满足教学改革需求提供支持。

1. 教学方法和技能评价

教师的教学方法和技能评价不仅着重于传统的课堂管理和内容传达效果，更加强调教师如何采用现代教育技术来增强学生的学习体验。这包括教师在使用多媒体工具、互动软件及其他教学辅助设备方面的技能，如何通过这些工具使教学内容更加生动、易于理解，同时增加学生的参与度。评价这些方面可以通过观察课堂实践、学生的学习成效及教师对技术的掌握程度来进行。

2. 思政内容融入效果评价

对教师思政内容融入效果的评价则更加侧重于分析教师如何将思政教育目标与英语教学内容相结合。这包括评估教师在设计课程和教学活动时，如何有效地整合思政元素，使之不显突兀而自然地融入语言学习中。通过学生反馈、教学观察及教师自我评估报告等方式，可以全面了解教师在实施思政教育方面的成效与挑战。

3. 学生互动和反馈响应评价

教师与学生的互动及其对学生反馈的响应能力，是评价教师表现中的另一个关键维度。这涉及教师如何激励学生积极参与课堂活动，如何有效地鼓励学生表达自己的观点，以及在面对学生疑问时如何提供及时而恰当的指导。评价这一方面通常需要从学生的参与度、教师回应的及时性和适切性等角度进行。

综合这三个方面的评估，不仅有助于确保教师在实施课程思政中的效果，而且有助于持续提升教学质量。通过这种全面的教师表现评价，教育管理者可以更好地理解教师在教学中的优势和需要改进的地方，为其提供有针对性的专业发展支持，进而提高教育质量和学生的学习成果。

（二）学生表现评价

学生表现评价是高校英语课程中至关重要的一环，它全面审视学生在课程中的各方面表现，尤其是在学习进度、课程参与度、批判性思维和问题解决能力等关键领域。这种评价机制的设置是为了确保学生能够在理论和实践中均获得均衡发展，同时也是提高课程教学质量的重要手段。

首先，学生的学习进度是通过一系列定期的测验、作业及实际项目的完成情况来评估的。这些评估活动使教师能够精确地监控每位学生对语言知识和思政教育内容的掌握程度，及时了解学生的学习进展。这不仅帮助教师把握教学节奏，根据学生的具体需要调整教学计划，也为学生提供了必要的学术支持和指导，帮助他们在遇到学习困难时能够得到及时的帮助。

其次，学生的课程参与度通过他们在课堂讨论、小组活动及其他互动环节的表现来评估。这一指标反映了学生对课程内容的兴趣和投入程度，是衡量教学互动质量和学生积极性的重要指标。通过观察学生在这些活动中的表现，教师可以评估课程设计的吸引力和实用性，及时调整教学方法，以提高学生的参与感和满意度。

最后，对学生的批判性思维和问题解决能力的评估，专注于他们如何应用逻辑和分析技巧来处理复杂的社会和政治议题。这通常通过学生在撰写论文、参与研讨会讨论及解决实际问题过程中的表现进行评估。这种评估帮助教师了解学生在理解深度和应用广度上的表现，同时也促进学生发展独立思考和实际操作的能力。

综合这些评价指标，高校英语课程的学生表现评价系统不仅确保了教学活动的高质量执行，还推动了学生能力的全面发展，确保学生能够在学术和实际应用中都表现出色，为未来的职业生涯和社会生活奠定坚实的基础。这些评价活动的实施为教育目标的达成提供了强有力的支持，保证了教育投入的高效回报。

（三）课程内容评价

课程内容评价是高校英语课程中不可或缺的一环，它确保教学内容不仅与教育目标一致，还应反映出教学内容的质量和实时性。这种评价体系深入探讨课程的适宜性、时效性、深度和广度，以及与课程思政目标的契合度，从而确保课程设计和实施能够达到预期的教育效果。

1. 课程内容的适宜性和时效性

首先，课程内容的适宜性和时效性关注课程是否能够反映并应对当前社会政治环境的变化。这包括定期审查和更新课程内容，以包含国内外政治经济发展的最新动态、技术进步，以及社会文化趋势的变化。此外，时效性还涉及教材和学习资源是否能够及时地反映最新的学术研究和理论发展，确保学生能够接触到前沿的知识和信息。

2. 课程内容的深度和广度

接下来，评价课程内容的深度和广度是衡量课程是否全面覆盖了既定的学术和思政教育目标的关键。这不仅包括基础知识的教授，还要涵盖批判性思维的培养和多角度问题分析的能力。课程应当提供足够的深入分析，使学生能够深刻理解复杂的社会和政治现象，并从多学科的视角进行思考和讨论，以培养他们的综合分析能力和独立思考能力。

3. 课程内容与课程思政目标的契合度

课程内容与课程思政目标的契合度评估是确认课程内容能否有效支持和推进教育机构的教育使命和目标。这涉及课程设计时是否考虑了培养学生的社会责任感、民族认同感及国际视野等正确的。通过这一评价，教育者可以确保课程内容不仅能促进学生的语言能力和学术发展，还要强化他们的社会价值观和道德观念，从而全面提升学生的个人素养和社会竞争力。

综合这些评价维度，课程内容评价的实施有助于不断提高课程的质量和效果，确保高校英语课程能够在不断变化的教育环境中保持相关性和效果性，最终实现培养具有全球视野和社会责任感的高素质人才的教育目标。

四、评价体系的实施和监测

在高校英语课程中，尤其是在将思政教育纳入课程的过程中，评价体系的实施和监测是确保教学质量和达成教学目标的关键步骤。这需要一套明确的实施策略、持续的审核与更新机制，以及对评价结果的有效响应和处理。

（一）评价体系的实施策略

实施高校英语课程的评价体系是一个复杂的过程，需要确保所有相关人员（包括教师和学生）都充分理解评价的目的、方法和标准。为了达到这一目的，教育机构必须采取一系列细致且系统的措施，以确保评价体系能够有效运行并达到预期目标。

1. 明确评价的目的和方法

首先，教育机构需要对教师和学生进行全面的培训，确保他们明白评价的重要性和实施方式。这包括教授教师如何进行自评和同行评价，以及如何有效地收集和利用学生反馈。培训也应涵盖评价工具的使用方法，如电子评价系统的操作，以及如何客观公正地评价学生的表现。

2. 制订详细的操作手册和指导原则

教育机构应制订详细的操作手册和指导原则，这些文档应详尽描述评价过程中的每一步，包括评价的具体方法、使用的工具和技术、数据收集和分析的程序等。这些手册和指导原则不仅能帮助保持评价的一致性和标准化，还能增强过程的透明性，使所有参与者都能清楚地了解评价标准和期望结果。

3. 设定定期的评价周期

实施策略中还应包括设定定期的评价周期，这是确保评价体系连续性和动态更新的关键。例如，可以设定每学期对学生的学习成果进行一次全面评估，以监控学习进度和识别可能的教学问题。同时，每学年应对教学方法和课程内容进行一次深入的评审，评估其有效性和时效性，确保教学内容符合最新的教育标准和学生需求。

通过这些措施，高校英语课程的评价体系能够更加精准地反映教学实际情况，为教学改进提供可靠的数据支持。这不仅有助于提升教学质量，还能增强学生的学习体验，确保教育活动的每一个环节都能达到最高的教育标准和效果。

（二）定期审核和评价体系更新的重要性

定期审核和更新评价体系在维护和提升教育质量的过程中扮演着至关重要的角色。一个有效且灵活的评价体系能够确保教学活动不仅符合当前的教育标准，而且能够适应快速变化的教育环境和学生需求。这种动态的调整机制是实现持续教育改进和优化学习成果的关键。

1. 定期审核的必要性

定期审核评价体系是一个系统的过程，它涉及对现有评价标准和方法的全面审查，确保它们没有过时，并且仍然与教育目标及学生的实际需求相吻合。这种审核不仅能够识别和修正可能存在的缺陷，还能提供改进的机会，从而使评价体系更加精确和有效。例如，通过分析学生的反馈和成绩数据，教育机构可以确定哪些评价标准不再反映学生的真实学习情况或未能正确评估关键能力。

2．与其他教育机构的比较

将自身的评价体系与其他成功教育机构的体系进行比较，可以帮助识别自身体系的潜在不足和学习他人的优秀实践。这种基准对比不仅增加了评价体系的外部有效性，还促进了教育机构之间的知识和经验分享，从而共同提高教育标准。

3．获取专家意见和建议

定期向教育评估专家和学术顾问征询意见也是更新评价体系的重要方面。专家的意见可以提供新的视角和方法，特别是在处理复杂的评价问题或引入新的评价工具和技术时。此外，参与国家和国际教育评估论坛和研讨会也是获取宝贵见解和最新教育评估趋势的有效途径。

4．对新技术的利用

随着教育技术的快速发展，新的工具和平台不断涌现，它们提供了改进和精细化评价方法的机会。例如，人工智能和大数据分析的应用可以使评价过程更加自动化和个性化，同时提高数据处理的速度和精确性。定期评估现有技术并探索新技术的可能性，是确保评价体系现代化和高效运行的关键。

通过这些系统性的审核和更新过程，教育机构可以确保其评价体系始终能够有效地支持教学目标的实现，同时能应对教育领域持续发生的变化和挑战。这不仅提高了教育质量，还增强了学生的学习体验和满意度。

（三）快速处理和响应评价结果，以实现教学改进

快速处理和响应评价结果是确保评价体系有效性的核心部分，它直接关系到教学质量的持续提升和学生学习体验的优化。这一过程要求教育管理者、教师和课程设计师能够及时并准确地解析评价数据，基于此进行有针对性的教学调整和改进。

1．解读评价数据

首先，教育管理者和教师需要具备解读和分析评价数据的能力。这包括对学生的成绩、反馈、课堂表现及其他形式的评价信息进行深入分析。通过这种分析，教师可以了

解学生在哪些领域表现出色，哪些领域需要改进，以及哪些教学方法有效或需要调整。例如，分析学生的测验结果可能揭示出需要加强某个特定知识点的教学，或者需要采用不同的教学策略以适应不同学习风格的学生。

2. 快速响应学生反馈

对学生反馈的快速响应是提升学生满意度和教学效果的关键。如果学生普遍反映某教学方法不够有效或课程内容难以理解，教师和课程设计师需要迅速探讨问题的根源，并调整教学计划或内容。这可能涉及修改教学方法，如从讲授式转向更多互动式或项目基础的学习，或者更新和丰富课程材料以保持其相关性和吸引力。

3. 优化教学实践

评价结果的处理还应包括识别和总结优秀的教学实践。当特定的教学方法或策略被证明特别有效时，这些做法应被记录并推广至更广的教育环境中。这不仅能提升单个教师的教学效果，还能通过分享最佳实践，提高整个教育机构的教学水平。

4. 持续的教学改进

评价结果的响应应该是一个持续的过程，包括定期的教学审查和更新。通过建立一个循环的反馈和改进机制，教育机构可以持续优化教学策略，响应教育环境的变化和学生需求的演变，确保教育质量持续提升。

通过这些策略的实施，高校可以确保评价体系不仅仅是一种监控工具，而是一个促进教学创新和提升学生学习成果的动力源泉。这样的体系可以极大地增强教育活动的有效性，帮助学生和教师实现最佳的教学和学习效果。

第二节
课程思政背景下学生形成性评价系统的构建

形成性评价作为一种教学评价方式，其重点在于通过连续的反馈和调整促进学生的学习和成长。与传统的终结性评价（如期末考试）相比，形成性评价更加强调过程与进步，注重学生能力的持续发展和即时改进。形成性评价的定义便是在教学过程中持续收集学生的学习信息，根据这些信息对教学策略进行调整，以帮助学生达到更高的学习成效。这种评价方式的特点是动态的、发展性的，旨在通过教师的及时反馈和学生的自我反省，共同推动学生能力的全面发展。在课程思政背景下构建学生形成性评价系统不仅有助于提高学生的思政教育质量，还能有效促进学生全面能力的发展。

一、课程思政背景下形成性评价系统构建要素分析

在课程思政背景下，构建一个有效的形成性评价系统不仅有助于提升学生的学术能力，还能够全面培养他们的思政素养。为了实现这一目标，评价系统的构建应包括评价目标的设定、评价工具的设计及评价过程的实施。这些要素共同作用，以确保评价系统能够全面、准确地反映学生的学习进展和思想素养的发展。

（一）评价目标的设定

评价目标的设定是形成性评价系统构建的首要步骤。设定明确的评价目标能够为整个评价过程提供方向，并确保评价活动能够有效促进学生的全面发展。

一方面，知识技能与思政素养的综合培养是评价目标的核心。英语课程不仅要评估学生的语言能力和知识掌握情况，还应关注学生在学习过程中是否内化了课程思政的内容。这意味着评价标准不仅要涵盖听、说、读、写等基本语言技能，还要考查学生在这些技能运用中是否能够体现思政素养，如理解社会问题、展现文化自信及表达社会责任感等。例如，在语言表达的评价中，教师可以要求学生讨论与社会正义或环境保护相关的话题，评估他们在表达观点时是否能够体现出对这些问题的深刻理解和责任感。

另一方面，培养学生的批判性思维、文化认同和社会责任感也是评价目标的重要组成部分。批判性思维是现代教育的重要目标之一，通过批判性思维的培养，学生能够在面对复杂社会问题时进行独立思考和分析。在评价中，教师应设计能够激发学生批判性思维的任务，如分析社会现象、评估文化现象的影响等。此外，培养学生的文化认同感和社会责任感也是课程思政的重要目标。通过引导学生认识自身文化的价值并尊重其他

文化，评价系统可以帮助学生形成对多元文化的尊重与包容。同时，通过涉及社会责任的学习任务，学生能够更好地理解自己在社会中的角色和责任。

（二）评价工具的设计

在设定了明确的评价目标后，设计合适的评价工具是形成性评价系统构建的关键。评价工具的设计应基于课程目标，确保能够全面反映学生在知识技能和思政素养方面的成长。

一方面，基于课程目标的多元化评价工具是必要的。这些工具应包括口头表达、书面作业、项目报告等多种形式，以全面评估学生在不同情境下的表现。例如，教师可以设计口语考试，要求学生就某一社会问题发表意见，考察其表达能力和思政素养；通过书面作业如论文写作和项目报告，则可以更深入地考察学生的思维能力和知识整合能力。通过多种形式的评价工具，教师能够更全面地了解学生的学习进展，并根据不同的表现维度进行综合评价。

另一方面，评价表格、量表与评分标准的设计也是评价工具的重要组成部分。为了确保评价的公正性和一致性，教师应设计详细的评价表格和量表，明确每个评价维度的具体标准。例如，在评估学生的文化认同感时，可以设计一个量表，涵盖学生对本国文化的理解、对其他文化的尊重程度等多个指标。评分标准应当细化到具体的表现，如语言的准确性、论点的深度、思政元素的融合程度等，这样不仅有助于教师进行客观评价，也能为学生提供清晰的改进方向。

（三）评价过程的实施

评价过程的实施是形成性评价系统的实际操作阶段，在这一阶段，教师应通过科学合理的步骤，将评价工具有效运用于教学过程中。

首先，学生自评、同伴互评与教师评价的结合是评价过程中的重要环节。学生自评能够促使学生反思自己的学习过程和思政素养发展，帮助他们认识到自身的优点和不足。同伴互评则可以通过同学之间的互动与反馈，促进学生间的相互学习和进步。教师评价则在此基础上提供专业性的指导与反馈。通过这三种方式的结合，评价过程能够更加全面和客观地反映学生的学习进展。

其次，持续反馈与阶段性总结是形成性评价的重要特征。教师应在整个教学过程中定期提供反馈，帮助学生及时调整学习策略和方向。这样的反馈应当是建设性的，不仅指出不足之处，还要提供具体的改进建议。此外，在课程的不同阶段，教师还应进行阶段性总结，对学生的整体表现进行评估，并引导学生对自身的学习进行反思。这种阶段性的总结有助于学生更好地理解和掌握学习内容，同时也能在学习过程中逐步形成正确的思政观念。

最后，评价结果的反思与改进是形成性评价的最终环节。在得出评价结果后，教师和学生应共同对结果进行反思。教师可以根据评价结果调整教学计划和方法，以更好地适应学生的学习需求和思政教育目标。同时，学生也应通过反思评价结果明确自身的学习目标和改进方向。这样的反思与改进过程不仅有助于提升学生的学习效果，也能推动形成性评价系统的持续优化。

通过以上环节的精心设计和实施，课程思政背景下的形成性评价系统能够全面、有效地评估学生的学习表现和思政素养，进而促进学生的全面发展和思想素质的提升。这一系统的构建不仅为教师的教学提供了有力支持，也为学生的成长提供了科学的评价依据。

二、课程思政背景下英语课程中形成性评价的实施策略

在英语课程中实施形成性评价，不仅有助于学生语言技能的提升，更能在潜移默化中培养学生的思政素养。为了确保评价的有效性，教师需要在制订评价标准、运用多元化评价方式及动态调整反馈机制方面进行精细设计和实施。

（一）评价标准的制定与思政内容的结合

形成性评价的首要任务是制订科学合理的评价标准，这些标准不仅应涵盖学生在语言技能、知识掌握程度和思维能力方面的表现，还应深入考虑如何将思政素养融入这些评价中，以全面促进学生的综合发展。为此，教师在设计评价标准时，必须特别关注以下几个方面，以确保课程思政能够有效融入英语教学过程中。

一方面，语言技能与思政内容的融合是评价标准设计中的核心环节。在英语课程中，语言技能的培养包括听、说、读、写四个方面的能力，这些技能不仅是语言学习的基础，也是学生表达和交流思想的重要工具。然而，单纯的语言能力评估不足以满足课程思政的要求。因此，在评估学生的语言表达、阅读理解、听力和写作能力时，教师需要将与思政相关的主题整合到评价标准中。例如，在口语表达的评价中，可以设置与全球化、文化差异或社会责任等话题相关的讨论任务。通过这些任务，教师不仅可以评估学生在语言运用方面的准确性和流利度，还可以考察他们是否能够从思政的角度进行深度思考并表达出具有批判性和建设性的观点。

在阅读理解的评估中，教师可以选择与思政主题相关的文章或文本材料，要求学生在理解文本内容的基础上分析其中蕴含的社会、文化或伦理问题。通过这样的设计，学生在学习语言的同时也能加深对相关社会问题的理解，培养其社会责任感和文化自信。

听力和写作能力的评估同样可以融入思政内容。例如，在听力评估中，可以使用关于社会热点话题的采访或演讲材料，要求学生不仅理解对话或演讲的表面信息，还要能够领会其中的深层次思考和价值观。写作任务则可以要求学生撰写与社会责任、环境保护或文化传承等主题相关的文章。教师在评估时，不仅要关注学生的语言表达能力，还要考察他们是否能够结合思政内容，提出有见地的论点并进行论证。

另一方面，制订思政素养的具体评价指标对于形成性评价的全面性和有效性至关重要。思政素养的培养是课程思政的核心目标之一，因此在评价标准中应设置明确的指标，以衡量学生在思政方面的成长和进步。这些评价指标可以包括学生的社会责任感、文化自信、价值观的形成与表达等方面。

社会责任感的评价可以通过学生在讨论社会问题时的态度和参与度来衡量。例如，教师可以在课堂上提出与社会公平、环境保护等主题相关的问题，观察学生在讨论中的立场和观点是否体现了对社会责任的认知和承担。此外，教师还可以通过学生在课外活动中的表现，如参与公益活动、社区服务等，进一步评估其社会责任感。

文化自信的评价则可以通过学生对本土文化与外来文化的理解和态度来进行。教师可以在评价标准中加入对学生文化认同和文化交流能力的考察，如在跨文化交流的讨论中，学生是否能够自信地介绍和捍卫本国文化，是否能够在尊重其他文化的同时，保持对自身文化的自豪感和认同感。

价值观的形成与表达是思政素养评价中的另一个重要方面。教师可以通过要求学生在写作中表达个人对社会现象的看法，或在课堂讨论中阐述自己的价值观，来评估其在价值观方面的成长。具体而言，教师可以设计一些涉及伦理道德的情境或问题，如如何看待社会不公现象、如何处理个人利益与集体利益的冲突等，要求学生进行论述和辩论。通过这些活动，教师可以观察学生的价值观是否明确、是否具有思辨性，并在评价标准中反映出学生在思政素养方面的进步和提升。

综上所述，科学合理的评价标准应当全面覆盖学生的语言技能、思维能力及思政素养，通过将语言教学与思政内容的深度融合，以及制订明确的思政素养评价指标，形成性评价不仅能有效促进学生的语言能力发展，还能在潜移默化中培养他们的社会责任感、文化自信和正确的价值观，从而实现课程思政的教育目标。

（二）多元化评价方式的应用

为了全面评估学生在英语课程中的学习表现和思政素养，教师需要采用多元化的评价方式。这些多元化的方式不仅有助于获得更加全面的反馈和评估结果，也能够更好地支持学生的个性化发展和全面成长。这些方式包括以下几个方面。

1. 课堂表现

课堂表现是评估学生综合能力的一个重要维度，教师可以通过多种方式对学生的课堂表现进行观察和记录。具体来说，教师可以评估学生在课堂中的参与度，如学生是否积极参与课堂讨论，是否主动回答问题或提出疑问。这些表现不仅反映了学生的语言运用能力，也显示了他们对学习内容的理解程度。

在讨论与社会热点相关的话题时，教师可以重点观察学生的观点表达是否具有逻辑性和深度，是否能够从多角度思考问题。这种多角度思考不仅仅体现了学生的批判性思维能力，也反映了他们是否能够从社会责任感的角度出发，提出建设性的建议和解决方案。此外，教师还应关注学生与他人互动的情况，如在小组讨论或辩论中，学生是否能够尊重他人的观点，是否能够在与他人交流的过程中展现出文化包容性和合作精神。

通过对这些课堂表现的综合评估，教师可以深入了解学生的语言表达能力、思政素养及团队合作能力。这种评估方式能够帮助教师更好地指导学生在课堂中提升语言技能的同时，增强他们的社会责任感和文化认同感。

2. 作业与项目

作业与项目是课堂学习的重要延伸，通过这些实践活动，学生能够进一步深化对学习内容的理解，同时将所学知识应用于实际问题的解决。教师在设计作业和项目时，可以有意识地融入思政元素，以评估学生在语言运用的同时，是否能够将思政内容融入其中。

常规作业如写作练习和阅读理解，可以通过加入思政主题来增强作业的深度和广度。例如，教师可以要求学生撰写一篇关于社会责任的英语论文，这不仅考察了学生的写作能力，还促使他们思考个人在社会中的责任和作用。通过这样的作业，学生不仅提升了英语写作技能，还在过程中培养了对社会问题的敏感性和责任感。

项目作业则可以通过更具挑战性的任务来评估学生的综合能力。例如，教师可以设计一个关于文化多样性主题的演讲项目，要求学生在搜集资料、撰写演讲稿和进行演讲的过程中，展现他们对不同文化的理解和尊重。在这样的项目中，学生需要结合语言表达和批判性思维，不仅要清晰流利地表达自己的观点，还要展示出他们对全球化背景下文化交流与融合的深刻认识。

通过这些作业与项目，教师可以全面评估学生在语言技能和思政素养方面的进步，并根据学生的表现进一步调整教学策略，以更好地促进学生的全面发展。

3. 反馈机制

及时且有针对性的反馈是形成性评价的重要环节。反馈不仅是对学生学习结果的评价，更是学生持续进步的重要推动力。教师在作业和项目完成后，应提供详细的反馈，既要指出学生在语言技能方面的不足，也要引导学生反思和提升其思政素养。

具体来说，教师可以在反馈中明确指出学生在语言运用中的强项和弱点，并提出具体的改进建议。同时，教师应鼓励学生更多地思考和表达个人对社会问题的看法，帮助他们在学习语言的同时，增强对社会和文化问题的敏感度。例如，当学生在作业中表达了对某一社会现象的看法时，教师可以结合实例引导学生从更广泛的社会背景和历史背景中进行思考，帮助学生加深理解，拓宽视野。

此外，教师可以通过反馈帮助学生提高批判性思维能力和价值判断能力。通过提出进一步思考的问题，教师可以鼓励学生对自身的观点进行反思，并在此基础上形成更加成熟和有深度的观点。这样的反馈不仅有助于学生在语言能力方面的提升，也能为他们在思政素养方面的成长提供有力支持。

通过课堂表现、作业与项目及反馈机制的多元化评价，教师能够全面了解和评估学生在英语课程中的学习表现和思政素养。这种综合性评价方式不仅能够促进学生的语言技能和学术水平的提升，还能帮助他们在学习过程中逐步形成正确的社会责任感、文化认同感和价值观，从而实现课程思政的教育目标。

（三）动态反馈与评价调整机制

形成性评价的一个关键特征是其动态性。评价不是终点，而是一个持续的过程，需要教师根据学生的进展和反馈不断调整评价策略和内容。

1. 动态反馈机制

教师应当建立持续的反馈机制，定期收集学生在语言学习和思政素养培养中的进展信息。通过课堂讨论、问卷调查、学生自评等方式，教师可以获取学生的学习状态和思政素养发展情况的第一手资料。这些反馈可以帮助教师及时调整教学内容和评价标准，以更好地满足学生的学习需求。

2. 评价调整策略

在收集反馈并分析学生的表现后，教师应根据实际情况对评价标准和方法进行调整。例如，如果发现学生在某一特定的思政主题上表现薄弱，教师可以在接下来的课程中加强相关内容的教学，并调整评价标准以更好地反映学生在该领域的进展。

3. 学生参与调整机制

鼓励学生参与到评价的调整过程中，通过自评和互评，反思自己和他人在语言运用和思政素养方面的表现。这种参与不仅有助于学生自我提升，也能为教师的评价调整提供有价值的参考。

通过科学制定评价标准、应用多元化的评价方式及动态反馈与调整机制，英语课程中的形成性评价不仅能够有效促进学生的语言能力发展，还能在潜移默化中提升学生的思政素养，真正实现课程思政与语言教学的有机结合。

三、课程思政背景下英语课程中形成性评价系统的优化与改进

在课程思政背景下构建的形成性评价系统，需要不断优化与改进，以确保其在实际教学中有效发挥作用，并持续推动学生的全面发展和思政素养的提升。为了实现这一目标，评价系统的优化与改进应包括对评价结果的分析与反馈及对系统的持续优化和动态调整。

（一）对评价结果的分析与反馈

对评价结果的分析与反馈是评价系统优化的重要环节，通过对数据的深入分析和及时的反馈，教师可以了解学生的学习进展，并为系统的改进提供依据。

一方面，通过评价数据分析学生的思政教育效果。评价系统产生的结果数据不仅反映了学生在语言技能方面的表现，还应显示出他们在思政素养上的进步情况。教师可以通过量化和质化的数据分析，评估学生在社会责任感、文化认同、价值观形成等方面的表现。例如，教师可以统计学生在与思政相关的写作任务中的表现，分析他们是否能够在文章中提出具有深度的社会见解，或在讨论中展现出对多元文化的尊重与包容。此外，教师还可以通过对比分析观察学生在课程不同阶段的思政素养发展趋势，从而评估课程思政教育的实际效果。

另一方面，学生反馈在评价系统改进中的作用至关重要。学生是评价系统的直接参与者和受益者，他们的反馈能够为系统的优化提供宝贵的第一手资料。教师应定期收集学生对评价过程、内容和工具的意见和建议，了解学生对评价的感受和理解。例如，学生可能会反映某些评价方式过于单一，或者某些思政话题过于复杂难以理解。通过这些反馈，教师可以识别评价系统中的薄弱环节，并有针对性地进行调整和改进。此外，学生的反馈还可以帮助教师了解评价是否真正达到了帮助学生成长的目的，是否激发了学

生的学习兴趣和提升了思政素养。

（二）对系统的优化与持续改进

对评价系统的优化与持续改进是确保其长期有效性和适应性的关键。通过不断的优化，评价系统才能够灵活应对教学环境的变化和学生需求的多样化。

首先，根据实践反馈进行评价系统的优化。教师在实践过程中积累的经验和收集到的反馈信息是评价系统优化的基础。教师应当定期回顾评价实施的过程，分析评价工具、方法和标准是否达到了预期的效果。根据学生和同事的反馈，教师可以对评价系统中的具体环节进行微调，如调整评分标准的细节，丰富评价工具的多样性，或者优化反馈的时机和方式。此外，教师还可以通过教学研讨会、教师合作团队等方式，与同行分享经验和改进建议，从而在集体智慧的基础上对评价系统进行全面的优化。

其次，如何保证评价系统的可持续性和动态调整也是优化中的一个重要课题。一个有效的评价系统不仅需要在短期内取得良好效果，更应具有可持续性，能够随着课程的进展和教学环境的变化进行动态调整。为此，教师应建立一个持续监测和反馈机制，定期评估评价系统的运行状况。例如，教师可以每学期对评价系统进行一次全面评估，分析评价结果的有效性和系统的运行效率。如果发现某些评价工具或方法随着时间的推移逐渐失效，教师应及时进行替换或调整，以保证系统的持续有效性。

最后，教师应保持评价系统的开放性和灵活性，以适应学生需求的变化和课程目标的调整。这意味着评价系统应能够容纳新的评价方法和工具，适应不同教学情境的变化。例如，随着在线学习平台和数字化教学资源的普及，教师可以将更多的技术手段整合到评价系统中，如利用在线测评工具进行实时反馈，或者通过学习管理系统收集和分析学生的学习数据。

通过系统优化与持续改进，课程思政背景下的形成性评价系统将不断完善，从而更好地服务于教学目标的实现，促进学生的全面发展和思政素养的提升。最终，这一评价系统不仅能在当前教学环境中发挥作用，还能够在未来的教学创新和改革中保持活力，继续推动课程思政教育的深入开展。

第三节　高校英语混合式教学中的
课程思政评价机制研究

在当前的高等教育领域，混合式教学已经成为推动教学创新的重要手段，特别是在英语教学中表现出独特的优势。混合式教学模式结合了线上与线下的教学活动，通过这种方式，教学资源得以优化配置，教师和学生的互动更加灵活，同时也为学生提供了自主学习的空间。对于课程思政而言，虽然线上教学面临诸多挑战，如缺乏面对面交流的直接性和情感深度，但它并非无法开展思政教育的场所。通过创新的教学设计和技术应用，混合式教学模式完全有能力有效地融入和推广课程思政教育。这不仅能够增强学生的学习体验，还能在推动学生全面发展的同时，加强他们的政治意识和社会责任感。

一、混合式教学概述

（一）混合式教学的定义

混合式教学，作为一种结合传统面对面教学与现代远程在线教学的教育模式，在全球高等教育中逐渐展现出其独特的优势。这种教学方式充分利用了技术的进步，使得学习活动不再局限于物理教室，从而打破了地理和时间的限制。在高校英语教学领域，混合式教学不仅优化了教学资源，增强了课程的灵活性和可接触性，也显著提高了学生的参与度和满意度。通过线上平台的辅助，学生可以在非正式的学习环境中自主学习，同时利用面对面的课堂时间进行更深入的讨论和互动，这种模式极大地丰富了学习体验并加深了知识的吸收。

混合式教学模式也促进了教育的个性化和定制化。通过收集学生在在线平台上的学习数据,教师可以分析学生的学习习惯、进度和难点,进而提供针对性的辅导和支持。这种数据驱动的教学方法不仅有助于提升学生的学习成效,也使教育更加符合个体学生的需求。

尽管混合式教学带来了诸多益处,但它也要求教育机构对技术基础设施进行投资,并需要教师在教学方法和技术使用上持续更新和培训。此外,教育者需确保所有学生都能访问必要的技术资源,以充分利用混合式教学模式带来的优势。通过这些努力,混合式教学有望在全球范围内进一步推广,改变传统的教育模式,为学生提供更加丰富和动态的学习体验。

(二)混合式教学的特点

混合式教学模式在高校英语教学中的应用充分体现了现代教育技术的融入和教学方法的创新。该模式主要的特点是将线上教学与传统的线下教学结合,以期最大化教学资源的利用效率和提升学习效果。线上教学部分通常通过教学平台进行,包括视频讲座、在线讨论和电子资源,这些可以让学生根据自己的学习节奏进行自主学习。线下部分则侧重于面对面的互动,如小组讨论、角色扮演和实时反馈,这些活动帮助学生加深理解和应用语言技能。

通过这种灵活的结合,混合式教学不仅优化了课程内容的递交,还增强了学生的参与感和动机。在线组件允许学生在任何时间、任何地点访问课程材料,增加了学习的便利性和可达性,这对于现代学生的忙碌生活特别重要。此外,通过在线平台,教师能够提供即时的学习支持和反馈,及时解答学生的疑问,这样的互动促进了更紧密的师生关系,也使学生感到更被支持。

在线下环节,教师可以利用通过线上学习获得的信息,对课程内容进行深入讨论和扩展。这种方法使课堂时间更加高效,因为学生已经具备了必要的背景知识。例如,教师可以组织基于学生在线讨论的反馈来进行面对面的辩论,或者安排与在线讲座内容相关的实践活动,如模拟会话和写作研讨,以进一步提升学生的语言实用技能和批判性思维。

此外,混合式教学还为教师提供了更多的教学自由度。教师可以根据学生的具体需要和课程目标，灵活选择线上与线下教学活动的比例和类型，从而更精准地满足教学目标。例如，对于需要更多解释和互动的复杂语法结构，教师可以增加线下教学时间，而对于词汇学习等可以自主进行的部分，则可以通过线上教学来完成。

总之，混合式教学模式通过结合线上与线下的教学优势，不仅使英语学习更加多元化和动态，还提升了整体的教学效果和学生满意度。这种教学模式的推广和实施，无疑为高校英语教育开辟了新的路径，使之更顺应当代高等教育的发展趋势和易于满足学生需求。

（三）混合式教学面临的挑战

尽管混合式教学带来了许多教学上的优势，但在实施课程思政时，也面临一系列挑战。

首先，资源配置是一个主要问题。混合式教学需要充足的技术支持和教学资源，如高质量的在线课程内容和稳定的技术平台，这对于资源有限的教育机构来说可能是一个挑战。

针对资源配置问题，教育机构需要探索成本效益高的解决方案，如开放教育资源的使用和云基础设施的投资，这些可以显著降低技术支持成本。同时，机构可以与技术提供商合作，开发专门针对教育需求的平台和工具，以确保在线学习内容的质量和稳定性。

其次，教师能力也是实施混合式教学中的关键因素。教师不仅需要掌握传统的教学技巧，还需具备使用和整合数字工具的能力，以及在线上和线下环境中有效传递思政教育内容的技能。

在提升教师能力方面，持续的专业发展是关键。教育机构应定期为教师提供技术和教学方法的培训，特别是在如何有效整合线上线下教学资源和策略方面的培训。此外，建立教师支持网络，鼓励教师间的知识共享，也可以帮助教师更好地应对混合式教学中的挑战。

最后，学生的参与度也是混合式教学成功与否的决定因素之一。在线学习部分需要学生具有较强的自我管理能力和学习动力，而这些可能受到学生的学习习惯和动机的影响。在课程思政的融入上，如何激发学生的参与热情和思考是非常重要的。因此，设计引人入胜且富有教育意义的线上和线下活动，对于提高学生的参与度和思政教育的效果至关重要。

对于提升学生的学习动机和参与度，教师可以设计更多互动性强的活动，如在线辩论、模拟情景任务和互评活动。这些活动能够促进学生主动学习和提高批判性思维能力，同时也使思政教育内容更加贴近学生的实际体验和兴趣。此外，利用数据分析工具监控学生的学习进度和参与情况，及时调整教学方法和内容，也是确保教育效果的重要策略。

综上所述，虽然混合式教学在课程思政的实施中面临多重挑战，但通过创新的资源配置、教师培训和学生参与策略，这些挑战是可以被有效解决的。通过这些努力，混合式教学不仅能提高教育质量，还能深化学生对思政教育内容的理解和应用。

二、课程思政在混合式英语教学中的应用

在混合式英语教学中，课程思政的有效融入是实现教育目标的关键策略之一。这不仅要求课程内容的设计能够反映思政教育的要求，还需要教学活动的安排能够促进学生对这些内容的深入理解和应用。

首先，在课程内容的设计方面，可以将思政元素与英语教学的基本要求相结合。例如，选择涵盖社会主义核心价值观、中国文化传统及当代中国社会和政治发展的阅读材料，使学生在学习语言技能的同时，增强对中国文化和价值观的认识和理解。这种教学设计在让学生掌握英语技能的同时，也能深入理解中国的文化背景和社会价值，从而更全面地理解和吸收语言材料。

通过设计与这些主题相关的写作和口语活动，教师可以引导学生进行深入讨论，从而加深他们的文化感知和政治理解。这些活动可以包括讨论中国的重大历史事件、当前的社会变革，或全球化背景下的中西文化差异。这样的交互不仅锻炼学生的语言表达能力，更促进了他们批判性和分析性思维的发展。

其次，在教学活动的安排上，混合式模式提供了灵活性，使得教师能够通过线上和线下的互动来增强课程思政的影响。在线上部分，可以利用视频讲座、互动讨论板和在线测试等工具，来强调和复习英语知识的关键点。这些线上资源使得学习过程更加灵活，

学生可以根据自己的时间表和学习节奏进行学习，以提高学习的自主性和个性化。

线下课堂则可以利用小组讨论、角色扮演或辩论等活动，促使学生在实际交流中运用所学的语言和思政知识，提高他们的批判性思维和表达能力。例如，通过模拟联合国会议或其他国际形式的辩论赛，学生不仅能够实际运用英语进行辩论，还能在过程中深化对国际政治和中国政治立场的理解。

最后，从教学方法的影响来看，这种课程内容和活动的安排对学生的政治意识形态发展具有重要作用。通过不断的语言实践和互动讨论，学生不仅可以学习到正确的政治态度，还能在讨论中形成对不同政治和文化观点的理解和尊重。此外，这种教学模式也能激发学生的学习兴趣和思考，使他们在不断的交流和反思中更深入地理解和吸收思政教育的核心内容。

总体而言，混合式教学为课程思政的融入提供了多样化的方法和平台，使得英语教学与思政教育能够更加有机地结合。通过精心设计的课程内容和教学活动，不仅能提升学生的语言能力，还能有效促进他们的政治意识形态发展，实现培养全面发展的社会主义建设者和接班人的教育目标。这种教育模式的成功实施，为现代高等教育提供了重要的参考和启示，特别是在全球化和信息化迅速发展的今天。

三、评价机制的构建与实施

为了确保混合式英语教学中课程思政的有效融入与实施，构建一个全面的评价机制至关重要。这种评价机制需要精确衡量学生在语言技能和思政教育两个方面的表现和进步。

（一）设计适用于混合式英语教学的课程思政评价机制

首先，评价机制的设计需要考虑到混合式教学的独特性，将线上与线下的学习成果合理整合。这包括确保评价内容覆盖从语言能力到思政素养的所有关键领域。具体来说，可以设计成绩构成包括线上完成的自主学习任务、线下的互动表现及特定的课程思政项目或作业。这样的结构不仅能全面评估学生的学习效果，还能激励学生在各个平台上均保持活跃和参与。

在设计这一评价机制时，首要任务是确保各种评价活动与教学目标和学习成果紧密相关。例如，线上自主学习任务可以通过定期的小测验或完成模块化的学习单元来评估，这些单元围绕特定的语言技能和思政内容构建。这种方式不仅检验了学生对材料的理解和吸收，也促进了持续学习的动力。

对于线下的互动表现，可以通过观察学生在课堂讨论、小组活动和演讲中的表现来评价其语言运用能力及其对课程思政主题的理解程度。这部分评价重视学生的实际应用能力和批判性思维，是评价学生思政素养和语言实际运用能力的重要环节。

此外，特定的课程思政项目或作业如研究报告、案例分析或创意写作任务，可以用来深入评估学生对课程思政内容的深层理解和应用。这些任务要求学生不仅要展示其语言技能，还要展示其分析和批判社会政治问题的能力，以及将这些能力与语言学习相结合的能力。

通过这种多层次、多维度的评价方法，混合式英语教学的课程思政评价机制能够有效地激发学生的学习兴趣，提高他们在语言应用和思政理解上的综合能力。这种综合性的评价策略不仅有助于教师全面了解学生的学习状况，还能促进学生在语言学习和思政教育中取得实质性进展。

（二）评价指标、方法和工具的选择

评价指标应该全面覆盖混合式英语教学中的关键能力，包括语言准确性、流利性、文化和政治理解深度等方面。语言准确性关注学生在语法、词汇使用上的正确性；流利性则评估学生在口语或书面表达中的连贯性和自然程度；文化和政治理解深度则检查学生对教学内容背后的文化和政治背景的理解和批判性分析能力。

具体的评价方法应多元化，以适应不同学习风格和教学目标，可以包括但不限于自我评价、同伴评价、教师评价及自动化的在线测试。自我评价鼓励学生反思自己的学习过程和成果，增强学习自主性；同伴评价促进学生间的互动，帮助彼此识别优点和改进点；教师评价则提供专业的反馈，指导学生的学习方向；自动化在线测试则利用技术手段快速有效地评估学生的学习成效，尤其适用于语言的基础知识和结构性知识的测试。

使用的工具则可以是在线测试平台、电子投票系统、讨论板和传统的笔试、口试等。在线测试平台可以提供实时数据分析，帮助教师迅速了解学生的学习进度和掌握情况。电子投票系统和讨论板则增加了课程的互动性，使学生能在讨论和投票中积极表达自己的意见和理解。传统的笔试和口试则是评估学生综合运用语言能力的有效手段，尤其在评估语言的流利性和准确性方面具有不可替代的作用。

这些工具的选择应当支持教学的混合性质，能够有效地在线上线下获取和处理学生表现数据。例如，线上工具的使用不仅可以提高评价效率，还可以通过数据分析为教师提供深入的教学洞察，帮助优化教学策略和内容。线下工具如笔试和口试，则可以在更传统的教学互动中评估学生的实际表现，确保学生在语言运用上的实际能力。

总之，选择合适的评价指标、方法和工具对于混合式英语教学的成功至关重要，能够确保评价体系的公正性、有效性和适应性，同时促进学生在语言技能和思政素养方面的全面发展。

（三）评价过程中的质量控制和反馈机制

为了确保评价结果的准确性和教学质量的持续改进，必须建立严格的质量控制和反馈机制。这些机制是混合式英语教学成功的关键，确保评价活动能够有效地支持教学目标，并促进学生的全面发展。

1. 质量控制

质量控制主要通过定期审查和调整评价标准、方法和工具来实现。教育机构应设立一个专门的团队或委员会，负责监督和审核所有评价活动。这个团队可以定期收集数据，分析评价结果的可靠性和有效性，确保评价工具和方法的适用性。例如，可以通过模拟评分和交叉评分来检测评价标准的一致性和公正性。此外，考虑到技术的迅速发展和教育需求的变化，评价工具和平台也需定期更新，以适应新的教学和评价需求。

2. 反馈机制

在反馈机制方面，应包括对学生的即时反馈和周期性反馈。即时反馈主要在学生完成特定任务或测试后立即提供，旨在快速纠正学生的错误观念或方法，增强学习的连续性和效果。例如，线上平台可以自动为学生的测验提供即时成绩和反馈，帮助他们理解出现错误的原因。周期性反馈则在学期中或学期末提供，总结学生的整体表现和进步，通常包括更全面的评价报告和发展建议。

此外，学生的反馈也应被纳入教学调整的考虑之中。学生反馈可以通过问卷调查、面谈或开放式论坛收集，内容包括他们对教学内容、方法、评价公正性的看法及个人学习体验的反馈。教师和教育管理员应定期评估这些反馈，以优化教学内容和方法。这种双向的反馈流程不仅有助于提升教学质量，也能使学生感受到他们的意见被重视，增强他们的学习动机和参与感。

总之，评价过程中的质量控制和反馈机制对于混合式英语教学的成功至关重要。通过这些机制可以确保评价活动的质量，提高教学效果，同时也能促进教师与学生之间的互动和沟通，创建一个持续改进和适应学生需求的教学环境。

第七章
高校英语教师课程思政能力提升研究

第一节
高校英语教师课程思政理念的转变

对于高校英语教师而言，课程思政的融入提出了新的挑战和要求。英语作为一门语言类学科，其教学内容和方法传统上更侧重于语言技能的提升和跨文化交流的能力培养。然而，在新的教育政策指导下，英语教师需要调整自己的教学理念，将思政教育自然而然地融入课程中，这不仅要求教师具备相关的政治理论知识，还需要他们掌握将这些理论与英语教学内容相结合的教学策略。

一、当前高校英语教师的课程思政实践

在高校英语教学中融入课程思政是一项复杂且富有挑战性的任务。当前，许多英语教师已开始尝试将思政元素纳入课程内容和教学活动中，但这一过程中存在着不少实际操作的问题和挑战。

（一）教学实践与应用

目前的教学实践显示，高校英语教师在课程思政的应用中主要采取以下几种方式。首先，教师试图通过选取具有深厚文化背景和政治意义的阅读材料来增强课程的思政色彩。例如，选择讨论中国的改革开放、社会主义核心价值观或中国在全球化中的角色等主题的文章和材料。这种做法不仅有助于学生学习英语，也能够更好地理解和反思中国社会的多维变化及其全球影响。

其次，教师也努力在课堂讨论中引入与社会责任和道德问题相关的讨论点，鼓励学生批判性地思考并表达自己的观点。这包括讨论环保、公平贸易、人权等全球性问题，以及探讨这些议题在中国及世界其他国家的具体表现和影响。通过这种方式，学生不仅能够在语言实践中提升自己的表达能力，还能拓展全球视野和提升批判性思维能力。

最后，一些教师通过设计特定的项目作业或小组活动，如模拟联合国会议、辩论赛等，使学生在使用英语的同时，也能深入探讨和理解国际政治、经济问题及其对中国的影响，从而达到课程思政的教学目的。这类活动通常需要学生进行广泛的研究，准备充分的论点，并在模拟活动中用英语展示和辩护自己的观点，这不仅能增强他们的研究和语言能力，也能提高他们解决复杂问题的能力。

通过这些教学方法，高校英语教师能够有效地将课程思政融入英语教学中，使学生在提升语言能力的同时，也能增强社会责任感和全球公民意识。这种教学策略不仅能丰富传统的英语教学内容，还能为学生提供一个理解和参与当代社会政治议题的平台，是对高等教育理念的一种积极拓展和实践。

（二）存在的问题与面临的挑战

尽管高校英语教师已开始实施课程思政，但在实践中仍面临多种问题和挑战。

首先，缺乏专业培训和支持是一个主要问题。许多英语教师表示，他们缺乏将思政教育有效融入外语教学的专业知识和技巧，感到在理论与实践之间存在差距。这种技能缺口导致教师在将思政教育与语言教学有机整合时感到困难，往往无法有效地设计出既符合语言教学要求又能深入传达思政教育内容的课程。此外，一些教师也反映，现有的教材和资源不足以支撑深入的思政教育，需要更多与国际视野和中国特色相结合的教学材料。这些材料的缺乏使得教师难以提供丰富、多元的教学内容，从而限制了思政教育的深度和广度。

其次，评价体系不完善。当前的评价机制往往侧重于语言技能的考核，而对于思政教育的评价则相对模糊和次要。这种评价体系的不均衡导致教师在实际教学中难以平衡语言教学和思政教育的重要性，也难以准确反馈学生在思政素养上的进步。因此，需要开发和实施一套更为全面的评价体系，该体系应能够公正有效地评估学生在思政教育方面的学习成果，同时激励学生在这一领域的学习兴趣和参与度。

最后，学生的接受度和参与度也是一大挑战。不同学生对于思政内容的兴趣和接受程度差异较大，如何激发所有学生的兴趣，并使他们积极参与到思政学习中，是教师需要解决的问题。这要求教师不仅要具备丰富的思政和语言教学知识，还需要掌握吸引学生注意力和提高参与度的策略。例如，通过结合实际生活中的案例、使用互动式教学工具或组织相关的实践活动，可以更好地引起学生的兴趣，促进其对思政教育内容的理解和吸收。

综上所述，虽然高校英语教师在课程思政的实施中取得了一定进展，但仍需面对并克服一系列挑战。为此，教育管理部门和高校应加强对教师的专业培训，完善评价体系，并提供丰富多样的教学资源，以促进课程思政教育的深入发展。

总体而言，高校英语教师在将课程思政融入教学实践中虽取得了一定进展，但仍需克服多种挑战。这要求教育管理部门和高校加强对教师的培训支持，优化评价机制，并提供更多高质量的教学资源，以促进课程思政的深入发展。

二、课程思政理念的转变需求

在高校英语教学中，课程思政的有效实施对教师的教学理念提出了新的要求，这不仅影响教学方法的选择，也影响教学质量和学生的整体发展。理解和应对这种理念转变的需求，是当前高等教育领域面临的重要任务。

（一）影响理念转变的因素

高校英语教师课程思政理念的转变受多种因素影响。

首先，教育政策的变化是主要驱动力之一。随着国家对思政教育重视程度的提高，高校教师被要求在专业教学中加强思想政治教育的内容，这要求教师调整自己的教学理念以符合新的政策要求。例如，教育部门可能会推出新的指导方针，明确要求所有学科课程都应融入国家核心价值观的教学，这对教师的教学内容、方法甚至评估标准都提出了新的要求。

其次，社会文化环境的变化也促使教师重新考虑教学内容和方法。在全球化背景下，教师需要在教学中处理好国际视野与本土价值观的关系，使学生在了解世界的同时，能加深对本国文化和价值的认识和理解。这种文化的双向渗透要求教师不仅传授语言技能，还要引导学生思考如何在保持文化身份的同时接受和理解其他文化。例如，通过比较不同文化中的类似事件或议题处理，教师可以帮助学生看到不同文化之间的相似性与差异性，增强他们的跨文化交流能力和全球公民意识。

最后，学生需求和期望的变化也是一个重要因素。当代学生对知识的获取方式和学习兴趣与以往有所不同，他们更倾向于参与互动性强、能引起思考的学习活动。这要求教师在课程设计和教学方法上做出相应的调整，将思政教育与学生的实际需求和兴趣结合起来，以提高教学的吸引力和有效性。例如，可以采用项目式学习，让学生通过小组合作完成涉及社会问题的研究项目，这样不仅能提升他们的英语应用能力，还能促使他们对相关社会政治议题进行深入探讨。这样的学习方式不仅更符合学生的学习习惯，也更能激发他们的学习热情和批判性思维能力。

总体而言，这些因素共同作用于高校英语教师的课程思政理念转变，要求教师不仅要更新自己的教育观念，还需要不断地调整教学策略，以适应快速变化的教育环境和学生需求。这种转变不仅是对教师专业能力的挑战，也是对其教育理念的深化与升华。

（二）理念转变对教学质量和学生发展的潜在影响

课程思政理念的转变对教学质量具有显著影响。通过将思政教育融入语言教学，可以促使教学内容更加丰富和多元，帮助学生在提高语言能力的同时，增强社会责任感和历史使命感。这种教学策略使得教学内容不仅局限于语法和词汇等语言形式的训练，而是扩展到了更广泛的社会文化议题和价值观的讨论，使学生在学习语言时能够接触并反思社会现实和历史进程。

此外，这种教学理念的转变也能提升教师的教学动力和创新意识，促进教学方法的更新，从而提高教学质量。教师在试图融合思政教育与专业教学内容时，往往需要开发新的教学材料和采用新的教学方法，如案例研究、批判性思维训练和跨文化比较分析等。这些方法不仅能够激发学生的学习兴趣，还能够提高他们的思考能力，使他们能够更主动地参与课堂讨论，提出自己的观点和见解。

对学生发展而言，理念的转变不仅有助于学生语言技能的提升，更重要的是有助于形成他们的价值观和世界观。通过课程思政，学生能够在全球化和本土化之间找到平衡，形成对国际问题的深入理解与国家身份的坚定认同。例如，在讨论全球化的语境下，学生可以学习如何在尊重全球多样性的同时，维护和弘扬本国的文化价值和政治立场。

这对培养复合型、具有国际竞争力的人才具有重要意义。在当今世界，能够跨文化沟通和具有全球视野的人才越来越受到重视。课程思政不仅教给学生语言和沟通技能，更通过深入讨论和批判性思考，帮助他们形成了解和处理复杂全球问题的能力。这样的教育不仅增强了学生的学术背景，更为他们未来在全球舞台上的发展奠定了坚实的基础。

总体而言，高校英语教师课程思政理念的转变是提升教学质量和学生全面发展的关键。通过深入分析影响该转变的因素并采取有效策略，可以更好地应对教育改革的要求，促进高等教育的长远发展。

三、推动理念转变的策略

为了有效促进高校英语教师课程思政理念的转变，需要采取一系列具体策略和措施。这些策略旨在提供必要的支持和资源，同时应对实施过程中可能遇到的挑战。

（一）有效的策略和措施

为了促进高校英语教师在课程思政方面的专业发展，采取了一系列具体而有力的措施。

首先，定期举办的专业发展工作坊和研讨会不仅提供了一个深入了解课程思政核心内容的平台，还介绍了最新的教育理论和实践技巧，帮助教师将思政教育有效地融入英语教学中。这些活动特别强调了如何在英语教学中处理和传达政治教育的敏感和核心问题，确保教师在不牺牲语言教学质量的前提下，能有效地实施思政教育。

其次，提供的教学资源如教材、在线课程和多媒体材料，结合国际视野与中国特色，极大地支持了教师在日常教学中自然地融入思政元素。这些资源通过整合国内外优秀的教育理念和内容，使教师能够在教学中顺利过渡，将国际化的英语教学内容和本土的思政教育要求相结合。

再次，建立的教师协作网络促进了教师间的经验分享和方法创新，通过定期的会议和在线论坛，加强了教师团队的整体教学能力。这个网络不仅提供了一个资源共享的平台，也成为教师相互学习、获取反馈和支持的重要途径，从而增强了教师在课程思政实施过程中的信心和能力。

最后，通过鼓励教师进行教学反思和定期的课程设计及教学效果评估，确保教学活动能够实现预设的教育目标，这一系列评估活动通常涉及学生反馈、同行评审和专家咨询，从多角度保障教学质量的提升。这种系统的评估机制不仅帮助教师了解他们教学方法的效果，也促进了教学方法的不断改进和更新。

综合来看，这些措施共同作用，形成了一个全面而有效的支持系统，不仅提高了教学质量，也促进了教师在课程思政方面的理念和技能的持续发展。通过这种多层次、多方位的支持，高校英语教师能够更好地适应教育改革的要求，有效地实施课程思政，最终提升学生的综合素质和社会责任感。

（二）策略的可行性和预期挑战

尽管提出的策略在理论上看似完善，实际执行过程中却充满挑战。

首先，实施这些策略需要相当多的时间和相当大的资金投入，如高质量的教师培训和教材更新，这对许多教育机构而言是一笔不小的财务负担。此外，由于教育预算和资源分配的局限，不是所有机构都能够立即或平等地获得所需的支持，导致执行力不均衡。

其次，教师的接受度和参与度也可能影响策略的成功实施，特别是那些习惯传统教学方式的资深教师对新的教学理念可能持保守态度。这要求教育管理者和政策制定者不仅要提供必要的培训资源，还需要通过持续的沟通和示范项目来激发教师的积极性，让他们明白改变的必要性和紧迫性。

最后，学生的接受程度和参与热情也不容忽视。学生对思政课程的兴趣和接受程度可能因个人背景而异，教师需根据学生的具体反应灵活调整教学策略，以确保教学内容既符合学生兴趣也能实现教育目标。这要求教师具备高度的敏感性和适应能力，同时也需要他们能够精准地评估和应对学生的需求和反馈。

总之，虽然面临诸多挑战，但通过细致的规划和灵活的应对策略，这些障碍是可以被克服的。关键在于教育机构能否为教师提供足够的支持，为学生创造激励的学习环境，并通过实际行动展示理念转变的价值和必要性，确保教学改革的成功实施和持续发展，从而提高教学质量，促进学生的全面发展。

第二节
高校英语教师课程思政能力提升路径

针对高校英语教师而言，课程思政提出了更具挑战性的要求。英语作为一种重要的国际交流工具，其教学内容和方法的设计在传授语言技能的同时，必须有效融入国家核心价值观和社会主义思想。然而，许多英语教师可能尚未完全准备好或不具备将思政教育有效整合入专业教学的能力。因此，本研究的目的是探索和定义提升高校英语教师课程思政能力的有效路径，旨在为教师提供明确的指导和实用的策略，以增强其在课程思政方面的教学效果。

一、高校英语教师课程思政能力现状

在当前的高等教育环境中，高校英语教师在融入课程思政方面面临多种挑战，其能力水平和实施效果存在明显的差异和不足。这一现状的分析揭示了需要关注和改进的关键领域。

（一）能力不足

首先，虽然许多英语教师认识到了课程思政的重要性，但他们在实际操作中往往难以有效融合专业英语教学与思政教育。这主要表现在教师对于思政教育的内容掌握不足，以及缺乏将这些内容自然而然融入英语教学的策略和方法。例如，一些教师只是在课堂上简单地附加一些思政教育的内容，而未能深入地与英语教学内容相结合，导致思政教育显得生硬且与学科知识隔离。这种做法往往导致学生感觉课程内容不连贯，从而影响他们对思政元素的接受度和学习的整体质量。

此外，教师在采用创新教学方法以吸引学生参与思政内容的学习方面也显得力不从心。这种不足可能源于教师本身对于如何设计互动性和参与性强的思政教学活动缺乏足够的理解和实践经验。例如，有效的思政教学应包括情境模拟、角色扮演、辩论等元素，这些都需要教师具备较强的创造性思维和灵活运用教学资源的能力。由于缺乏这些技能的训练和实践机会，教师难以设计出能够真正吸引学生参与并促进其批判性思维能力的教学活动。

为了解决这些问题，不仅需要在教师培训中加强对思政教育内容和教学方法的指导，也需要创造更多机会让教师在实践中尝试和改进他们的教学策略。同时，高校应提供更多支持，如教学资源共享、教学方法工作坊及同行评审等，以帮助教师提升他们在融合思政教育方面的专业能力和自信心。这样的综合措施将有助于教师更有效地将思政教育融入英语教学中，从而提升教学质量并更好地满足学生的学习需求。

（二）影响教师课程思政能力的关键因素

对高校英语教师课程思政能力影响显著的因素多样且复杂，涵盖了教师的个人信念、专业培训经历及校内支持系统的完善程度。

首先，教师的个人信念在决定其对课程思政的态度和教学策略选择方面起着核心作用。具体来说，那些坚信课程思政重要性的教师通常会更加主动和创造性地探索将思政教育融入课堂的方法。这种信念不仅能激发他们寻找创新的教学方法，也能促使他们在教学实践中不断求新求变，以增强课程的教育效果。

其次，专业培训则是提升教师课程思政能力的另一个关键因素。系统的课程思政教学法培训可以显著提高教师的自信心和教学效果，使他们更加熟练地处理课程中的思政元素。不幸的是，目前很多教师反映，现有的培训机会不仅稀少，而且往往缺乏针对性和深度，难以满足他们在实际教学中遇到的复杂需求。这表明需要对培训内容和方式进行改进，以确保教师能获得必要的知识和技能，有效地整合思政教育。

最后，学校的支持系统也对教师的课程思政教学能力产生重要影响。这包括教学资源的提供、教学创新的鼓励政策及同事间的交流合作机会。在资源充足和支持氛围浓厚的学校环境中，教师更容易尝试和实施教学上的创新，如采用新技术、开展跨学科项目等。此外，通过与同行的定期交流和合作，教师能够共享最佳实践，互相学习，从而不断提升自身的教学策略和技能。

综上所述，提升高校英语教师的课程思政能力是一个多方位的过程，需要个人信念的积极性、专业培训的系统性及学校支持系统的全面性相结合，三者共同作用以实现最佳的教学效果。针对这些因素进行综合性的改进和支持，将是提升课程思政教学质量的关键。

二、能力提升的关键路径

（一）知识与理论培训

提供针对课程思政的理论知识培训是提升教师能力的基础。这种培训应涵盖最新的政治理论、教育政策解读及如何将这些理论与当前社会问题联系起来。通过加强教师的政治理论水平，不仅可以增强他们对政策的理解，还可以帮助他们在课堂上更自信地处理思政教育的内容，使之与英语教学内容紧密结合。

这类培训通常应包括对基本政治概念的详细介绍、对国家最新政策的解析，以及如何在英语课程中有效地整合这些政策和理论的实际案例分析。例如，培训中可以使用具体的案例研究，展示如何在英语教学中讨论社会主义核心价值观、环境保护政策或国际关系等主题，使教师能够看到理论与实践的具体结合点。

此外，这种培训也应鼓励教师参与讨论和模拟教学，以增进他们的理解和应用能力。通过这些互动环节，教师可以在安全的环境中尝试和练习新的教学方法，得到即时的反馈和改进建议，这对于他们在实际课堂应用中能够更加自如和有效至关重要。

总之，通过这样的知识与理论培训，高校英语教师不仅能提升自己的理论知识水平，还能学习到如何将这些理论应用于教学实践中，从而更有效地在英语教学中融入课程思政内容，提升学生的思政教育质量。

（二）教学方法与技巧

为了更有效地融合课程思政与专业英语教学，组织工作坊和研讨会对教师的专业发展至关重要。这些活动旨在培训教师运用多元化的教学方法和技巧，使他们在教学过程中能够自然地整合思政内容。具体的培训内容包括设计具有高度互动性的课程活动，利用案例研究讨论时事政治和社会问题，以及有效使用技术工具来提升学生的参与度和学习动力。

在这些工作坊和研讨会中，教师将学习如何创建讨论环境，使学生能够通过小组讨论、角色扮演和模拟投票等形式积极参与到课程中来。例如，教师可以利用实时电子投票系统在讨论中收集学生意见，或通过在线论坛和博客作业让学生在课后继续探讨课堂话题，从而使思政教育成为一种持续的学习过程。

此外，培训还会重点介绍如何通过案例研究来深化学生对政治和社会问题的理解。通过分析具体案例，学生不仅可以学习相关的政治理论，还能通过英语的使用提高他们的语言技能。教师将学习如何选择与学生学习水平和兴趣相匹配的案例，以及如何引导学生批判性地分析案例内容，提出自己的见解和解决方案。

通过这些实践，教师能够掌握将思政教育融入日常英语教学中的有效方法，从而创造出既富有教育意义又能激发学生学习兴趣的课程。这种教学方法和技巧的提升，不仅能增强课程的吸引力，还有助于培养学生的批判性思维和全面视角，为他们将来在全球化的工作奠定坚实的基础。

（三）实践与反思

在课程思政的教学中，实践与反思环节是提升教学质量的关键。为了支持高校英语教师在这一过程中的成长，鼓励他们在日常教学中尝试并应用创新的思政教学方法，并通过一系列结构化的反思活动来评估和优化这些方法。

实践的部分要求教师勇于实验新的教学策略，如将当前国际事件与课堂内容相结合，或者使用多媒体和社交媒体平台来增强学生对思政主题的参与和理解。这种尝试不限于课堂内的活动，也可以扩展到课外项目和学生自主学习任务中，以提供更全面的学习体验。

为了确保这些实践能够带来持续的改进和发展，定期的教学反思和讨论变得尤为重要。教师可以通过编写教学日志的方式记录他们的教学活动、学生反应及自己的感受和思考。这些日志之后可以在同行评议或教学研讨会中进行分享和讨论，从而获得同事的反馈和建议。

通过这种方式，教师不仅能够获得关于教学方法有效性的直接反馈，还可以通过交流经验学习到其他教师在类似情况下的应对策略。此外，这种反思和讨论的过程还能帮助教师识别和解决在教学过程中可能遇到的问题，如学生参与度不足或教学内容与学生实际需求脱节等问题。

总之，通过实践与反思的循环过程，教师可以持续地提升自己的教学技巧和课程思政的融入方法，最终实现教学质量的全面提升。这种持续的专业发展活动不仅增强了教师的教学能力，也促进了他们对于教育的热情和承诺，有助于构建更具吸引力和教育意义的英语课程。

（四）互动与交流

在高校英语教师的课程思政能力提升过程中，互动与交流扮演着至关重要的角色。为了促进这种交流和协作，建立一个专门的平台是必不可少的。这个平台可以是线上论坛或定期的面对面会议，其主要目的是提供一个空间，让教师可以自由分享他们在课程思政中的创新做法和成功案例。

通过这样的平台，教师不仅可以展示自己的教学成果，还能相互学习对方的优秀教学策略和方法。这种交流可以激发新的教学灵感，帮助教师在遇到教学难题时找到解决方案，从而不断改进和优化自己的教学实践。例如，一个教师可能在论坛上分享如何通过角色扮演游戏有效地增加学生对政治议题的兴趣，而另一位教师则可能介绍如何使用多媒体工具来增强课程思政的互动性。

此外，定期举办的面对面会议提供了一个更为直接的交流机会，教师可以在这些会议中进行深入讨论，共同探索更为复杂的教学挑战。这些会议包括工作坊、研讨会和小组讨论等形式，使教师能够在非正式的环境中交流思想，增进理解和协作。

这种教师之间的互动与交流不仅能增强团队精神，还能显著提升教师解决复杂教学问题的能力。通过共享经验和资源，教师可以形成一个支持性强、协作紧密的社群，这不仅有助于提升个人的教学水平，也能促进整个教育团队的整体发展。最终，这将极大地提升课程思政的教学效果，从而更好地服务于学生的学习和发展需要。

通过这些关键路径的实施，高校英语教师在课程思政的教学中将变得更加自信和专业，从而有效提升教学质量和学生的学习成效。这种全方位的发展策略不仅能促进教师的专业成长，也能优化教育资源的利用，最终有助于实现高等教育的长远目标。

三、策略实施与评估

成功实施提升高校英语教师课程思政能力的策略，需要详细的规划和综合的支持。这涉及从政策制定到资源配置的多方面考量。

（一）策略实施

首先，推动这些提升路径的实施需要坚实的政策支持。这可能包括教育部门出台具体政策，明确将课程思政的实施作为高等教育质量评估的一部分，同时提供必要的指导和监督。这种政策支持应详细阐述课程思政的目标、实施策略及期望达成的具体成果，确保所有教育机构都有明确的方向和标准。此外，学校层面的政策支持也至关重要，这包括制定具体的实施计划、确立时间表和目标等。学校应通过内部政策来激励和要求教师参与课程思政的培训和实践，同时为此过程提供必要的资源和支持。

资源配置是实施策略的另一个关键因素。有效的资源配置不仅包括财务投资，如为培训和材料更新提供资金，还包括为教师提供必要的技术支持和访问权，如教学软件和在线资源。这些资源使教师能够访问最新的教育技术和教学方法，从而更有效地整合和实施课程思政内容。此外，确保有足够的人力资源支持教师的发展也是必要的，如通过聘请专门的教学顾问和支持人员来帮助教师在实施过程中遇到的具体问题。这些顾问和支持人员可以提供专业的建议和技术帮助，帮助教师解决在课程设计和教学实践中遇到的难题。

通过这种策略的全面实施，结合政策支持和资源配置，教育机构可以更有效地推动课程思政的融入和教师能力的提升。这不仅有助于提升教学质量，还能确保学生接受符合时代要求的教育，为其全面发展打下坚实的基础。

（二）评估提升效果的方法

为确保课程思政教学方法的有效性及其在实际教学中的实施效果，采取多元化的评估方法至关重要。首先，教师自评是一个基本且关键的评估方式。教师可以通过定期进行自我反思来评估自己在课程思政教学中的表现和进步。这种自我反思通常涉及回顾教学目标、教学方法的选择和实施及学生的反应。教师可以利用教学日志、视频录像或学生作业的回顾等方式，对自己的教学实践进行全面分析，从而设定改进的新目标，持续提升教学质量。

学生反馈同样是评估教学效果的重要指标。这可以通过多种方式进行，包括但不限于问卷调查、面谈或其他反馈工具。通过这些工具，教师可以收集学生对教学内容、教学方法和整体课程满意度的直接反馈。学生的反馈对于教师理解教学效果、学生的学习动机和课程内容的相关性提供了关键的视角，使教师能够及时调整教学策略，以更好地满足学生的学习需要。

同行评审则提供了一个平台，让教师能够相互访问和评价对方的课堂。这种评估方式允许教师在真实的教学环境中观察并学习同事的教学方法，同时也接受来自同行的建设性反馈。通过同行评审，教师不仅可以获得关于教学实践的第三方观点，还能够发现自己可能忽视的问题或潜在的改进空间。此外，这一过程还促进了教师之间的开放和合作，创建起一种共享经验、相互学习的教学环境，增强教学团队的整体协作和创新能力。

总之，通过教师自评、学生反馈和同行评审这三种互补的评估方法，教育机构可以全面了解和评估课程思政教学的实施效果，从而确保教学策略的持续优化和教学质量的提升。这种综合评估机制是提升课程思政教学成效、满足学生和社会需求的关键环节。

结　语

随着全球化的深入发展和社会需求的不断变化，高校英语课程思政的理论与实践必须与时俱进。作为一门语言类课程，英语教学传递的并不仅仅是语言使用的技巧，更重要的是文化价值观。学习英语不仅仅要学习西方的文化，更重要的是要坚持"四个自信"，坚持涉外交流为人民服务的基本观点，坚持正确的世界观、人生观和价值观。

本书在作者长期以来的教学经验基础之上，通过桥接理论与实践的鸿沟提供了一系列切实可行的教学策略和方法，这些都是针对当前和未来教育工作者在面对教育挑战时的重要参考。随着教育环境的不断变化，课程思政的模式和策略也将持续进化，以满足新的教育需求和期望。

未来，高校英语课程思政研究和实践需要更多的创新和开放，鼓励教育工作者不断试验新的教学方法，评估其效果，并进行必要的调整。此外，持续的教师培训和发展同样至关重要，以确保教师能够有效地实施课程思政，促进学生的全面发展。

总之，课程思政是一个动态发展的领域，它要求我们不断学习、适应并前瞻性地思考，以培养出能够适应未来社会的优秀人才。希望本书能为广大教育工作者提供启发和指导，共同推动高校英语课程思政的深入发展，为社会培养出更多具备良好思想政治素质的现代人才。

参考文献

[1] 陈华栋. 课程思政：从理念到实践 [M]. 上海：上海交通大学出版社，2020.

[2] 富婷，曹景凯，赵品一. 课程思政与英语教学研究 [M]. 成都：电子科学技术大学出版社，2021.

[3] 周杰，龙汶. 外语教育与课程思政 [M]. 贵阳：贵州大学出版社，2022.

[4] 范宝祥，张恩祥. 课程思政案例选编 [M]. 北京：中国政法大学出版社，2021.

[5] 程向莉. 大学英语课程思政教学案例集锦 [M]. 武汉：武汉大学出版社，2022.

[6] 马晓娜. 课程思政融入高校英语教学的理论与实践研究 [M]. 北京：中国纺织出版社，2023.

[7] 张喜华. 北京高校大学英语课程思政报告 [M]. 北京：旅游教育出版社，2021.

[8] 张秋曼，于成文，王书玮. 外语专业课程思政案例汇编 [M]. 北京：北京对外经济贸易大学出版社，2021.

[9] 李凤. 高校外语学科课程思政教学设计案例选编 [M]. 天津：天津人民出版社，2022.08.

[10] 于建刚，谭慧. 艺术类大学英语教学与研究：第 2 辑 [M]. 重庆：重庆大学出版社，2022.

[11] 栾婷. 外语课程思政教学设计案例与论文集 [M]. 北京：首都经济贸易大学出版社，2021.

[12] 杨惠媛，赵建洪. 外语教学课程思政改革论文集 [M]. 天津：天津大学出版社，2019.

[13] 丁义浩，朱志良. 课程思政教学设计案例选编（一）[M]. 沈阳：东北大学出版社，2021.

[14] 应慧. 大学英语教学改革研究 [M]. 青岛：中国海洋大学出版社，2023.

[15] 陈丽. 商务英语教程 [M]. 西安：西安交通大学出版社，2023.

[16] 向晓. 旅游实务英语多模态教程 [M]. 北京：对外经济贸易大学出版社，2023.

[17] 王美清，赵芳，陈园园. 大学英语教学理论与实践研究 [M]. 北京：中国商务出版社，2023.

[18] 余荷花. 英语视听说教程：第一册 [M]. 重庆：重庆大学出版社，2021.

[19] 苏根英，田建平. 商务英语文体分类阅读 [M]. 天津：南开大学出版社，2021.

[20] 杨春燕. 《论语》英语阅读教程 [M]. 武汉：武汉理工大学出版社，2022.

[21] 王静. 新视域大学英语综合训练：第 2 册 [M]. 北京：对外经济贸易大学出版社，2022.

[22] 左艳红. 英语阅读与思辨：文化篇 [M]. 西安：西安交通大学出版社，2022.

[23] 李琨，吴碧宇. 大学英语案例教学实践探索 [M]. 郑州：黄河水利出版社，2021.

[24] 余莉. 实用交际英语口语实训教程 [M]. 重庆：重庆大学出版社，2021.

[25] 周影，陈典港. 互联网视角下大学英语混合式教学探究 [M]. 北京：中国书籍出版社，2023.

[26] 郭孟媛，刘煜丽. 新时代大学英语教学理论创新研究 [M]. 北京：中国书籍出版社，2023.

[27] 苏婷婷，董霞，靳慧敏. 互联网背景下的大学英语教学创新研究 [M]. 北京：中国书籍出版社，2023.

[28] 卢敏. 中国英语教师教育研究 [M]. 武汉：武汉大学出版社，2019.

[29] 李传馨. 高校公共英语的课堂教学改革研究 [M]. 北京：北京工业大学出版社，2023.04.

[30] 李冬梅. 现代大学英语课程教学改革的多元探索 [M]. 北京：北京工业大学出版社，2022.

[31] 韩海英. 新时代高校英语课程育人体系建设创新研究 [M]. 天津：南开大学出版社，2022.

[32] 尤广杰. 高校英语思政教育理论与实践 [M]. 北京：中国旅游出版社，2022.

[33] 王欣蕾. 课程思政理念融入高校英语教学实践 [J]. 哈尔滨职业技术学院学报，2024（4）：117–119.

[34] 黄梅. 课程思政视域下地方高校"大学英语"混合式教学探索 [J]. 教育教学论坛，2024（26）：133-136.

[35] 余雪纯. 立德树人视角下高校英语专业口语课程思政建设路径探究 [J]. 英语教师，2024，24（12）：50-53.

[36] 叶春玲. 高校英语教师课程思政教学能力提升的困境与路向 [J]. 佳木斯大学社会科学学报，2024，42（3）：184-186.

[37] 夏佳华. 高校英语教师课程思政教学能力实证研究 [D]. 北京：北方工业大学，2024.

[38] 王丽楠. 课程思政背景下的高校英语教学研究 [J]. 英语教师，2024，24（10）：55-57.

[39] 李争. 新时代高校英语课程思政教学改革探究 [J]. 中学政治教学参考，2024（20）：97-98.

[40] 孙雯. 课程思政视域下高校英语教学改革创新发展 [N]. 经济导报，2024-05-24（007）.

[41] 杨赛. 大德育概念下高校英语课程思政创新教学策略探讨 [J]. 华章，2024（5）：33-35.

[42] 陈晓雯，周艳艳. 课程思政视角下高校商务英语专业国家意识培育模式研究 [J]. 海外英语，2024（8）：82-84，123.

[43] 朱晓博. 谈高校英语翻译课程思政建设的有效途径 [J]. 辽宁工业大学学报（社会科学版），2024，26（2）：136-138.

[44] 徐阳. 课程思政融入初中英语教学的现状调查和策略研究 [D]. 厦门集美大学，2024.

[45] 王慧颖. 课程思政视域下大学英语意识形态安全教育现状调查研究：以贵州省本科高校大学英语课程为例 [J]. 贵州开放大学学报，2024，32（1）：50-57.

[46] 阎伟静. 高校英语课程思政建设路径分析 [J]. 中学政治教学参考，2024（12）：102.